कतरनें

(न कहानी, न कविता)

कतरनें

मानव कौल

हिन्द युग्म

ISBN: 978-81-19555-60-4

प्रकाशक :
हिंद युग्म
सी-31, सेक्टर-20, नोएडा (उ.प्र.)-201301
फ़ोन- +91-120-4374046

मुद्रक : थॉमसन प्रेस
आवरण पर लेखक की तस्वीरें : राहुल डे
आवरण-डिज़ाइन : राजेश्वरी राव

पहला संस्करण : जून 2024
दूसरा संस्करण : जनवरी 2025
मूल्य : ₹299

Katranein
by *Manav Kaul*

Published By
Hind Yugm
C-31, Sector-20, Noida (UP)-201301
Phone- +91-120-4374046
Email- sampadak@hindyugm.com
Website- www.hindyugm.com

First Edition: Jun 2024
Second Edition: Jan 2025
Price: ₹299

May I venture an explanation:
Writing is the ultimate recourse for those who have betrayed.

Jean Genet

क्रम

'मेरा नाम कतरनें हैं, मैं आपकी किताब हूँ'

जी हाँ, मैं आपसे ही बात कर रही हूँ। आपने मुझे ही अपने हाथों में लिया हुआ है। आपको अजीब लग रहा होगा कि किताब आपसे कैसे बातें कर सकती है ? पर मैं आपको बता दूँ कि हम किताबें यही करती हैं– बातें। जब आप हमें पढ़ रहे होते हैं तो वो सारी बातें ही हैं जिनके ज़रिए कहानी के संसार में आपका प्रवेश होता है। उस कहानी के एक सिरे पर आप होते हैं और उसका दूसरा सिरा किताब होती है। कहानी बीच में कहीं घट रही होती है। इस प्रक्रिया में यूँ, हम किताबें कभी अपनी सीमा नहीं लाँघती हैं, हम कहानी और आपके बीच में हमेशा अदृश्य-सी बनी रहती हैं। कभी-कभी किताबों के ज़रिए लेखक आपसे सीधे बात करता है, वो आपके और कहानी के बीच में लगा हुआ पर्दा हटा देता है, नई कहानियाँ कहने की कला में किताबें ऐसे प्रयोगों को बहुत उत्साह से अपनाती हैं। पर एक किताब लेखक की रज़ामंदी के बिना आपसे सीधे बात करे ये बहुत कम ही होता है। मैं, आपकी किताब भी कभी ये क़दम उठाने का नहीं सोचती, पर इस किताब की रूपरेखा ही लेखक ने कुछ ऐसी रखी है कि इसमें कुछ नया करने की आज़ादी की बहुत जगह है। 'आज़ादी' कितना सुंदर शब्द है न, मुझे बहुत पसंद है। शायद इसी शब्द की वजह से मैं लेखक की इजाज़त के बग़ैर आपसे बात कर पा रही हूँ। कहानी कहने में नए प्रयोग

हो रहे हैं, पढ़ने वाले नई बातों को खोज रहे हैं, तो हम किताबें क्यों इसमें पीछे रह जाएँ! ऐसा नहीं है कि मैं पहली किताब हूँ जो इस तरीक़े का काम कर रही है, Ruth Ozeki और Markus Zusak जैसे कई लेखकों की किताबों ने ये काम पहले ही कर लिया है। आज़ादी शब्द के अलावा इन्हीं किताबों की वजह से मेरी भी हिम्मत हुई कि मैं आपसे बातें कर सकूँ।

अब मैं आपसे बात कर ही रही हूँ तो सबसे पहले मैं आपसे पूछना चाहती हूँ कि कैसे हैं आप?

इस मनोरंजन से ठूँस-ठूँसकर भरी हुई दुनिया में आपने किताब चुनी है, तो मैं आशा करती हूँ कि आप बहुत अच्छे ही होंगे।

और आपसे ये भी कहना चाहती हूँ कि मुझे आपसे बातें करना बहुत अच्छा लग रहा है, ये बहुत अजीब है, है न? पर इस अजीब से संवाद में एक अलग क़िस्म की गुदगुदी भी बनी हुई है। क्या ये गुदगुदी आपको भी महसूस हो रही है?

आपको पता है, हम किताबें आपस में बहुत बातें करती हैं! सबको सबके बारे में सारा कुछ पता होता है, जैसे सारे पेड़ आपस में एक-दूसरे को अपनी जड़ों के ज़रिए संदेश पहुँचाते हैं, कुछ वैसे ही। यूँ भी हमारे पन्ने पेड़ों से ही आते हैं तो ये कला हमारे डीएनए में है। इसमें एक मज़ेदार बात यह है कि हमें शुरुआत में अपनी कहानी पता नहीं होती। जब हमारे पन्नों पर शब्द छापे जाते हैं और हम एक किताब की शक्ल में किसी प्रिंटिंग प्रेस से बाहर आते हैं तब तक हमें भी पता नहीं होता कि इन छपे हुए शब्दों से हम कौन-सी कहानी कह रहे हैं। हमें ख़ुद अपनी कहानी तभी पता चलती है जब कोई हमें उठाकर पढ़ने लगता है। उसके पढ़ते ही हमारे सामने पहली बार हमारी कहानी के सारे दरवाज़े खुलना शुरू होते हैं। कितनी बड़ी ज़िम्मेदारी होती है कहानियों की, इसका एहसास हमें भी तब होता है जब हम आपके साथ कहानी के मध्य में कहीं खड़े

होते हैं। हम किताबें, कहानी के मध्य में खड़े होने का उत्साह रोक नहीं पाती हैं। जब आप आधी कहानी पर होते हैं और हम किताबों को औंधा करके अपने कामों में व्यस्त हो जाते हैं, तो हम किताबें सारे प्रयत्न करती हैं कि आपकी निगाह हम पर वापस आए और आप कहानी आगे पढ़ना शुरू करें। जैसे हम टेबल से बहुत कोशिशों के बाद ख़ुद गिर जाते हैं या आपकी व्यस्तता के बीच अपने पन्ने फड़फड़ाने की कोशिश करते हैं। आपको लगता होगा—ये पंखे की हवा की वजह से होता है, पर आप ख़ुद कभी औंधे मुँह पड़े रहकर कुछ हरकत करने की कोशिश कीजिएगा, तब आपको पता चलेगा कि ये कितना कठिन है। अगर आप तब भी किताब नहीं उठाते हैं तो हम आपके सपनों में आकर आपको याद दिलाते हैं कि कहानी में किस जगह आकर आप खड़े हैं। उस कहानी के पात्रों को हम आपके सपने में आपसे मिलने भेजते हैं। ख़ासकर उन पात्रों को जिन्हें या तो आप बेहद नापसंद करते हैं या जिनके प्रेम में आप हैं। आपको याद होगा आप कई बार देर रात उठकर पढ़ने बैठ गए थे, है न? ये सब हम किताबों की ही करतूतें थीं।

एक बार हमें हमारी कहानी पता चलती है तो हम किताबें आपस में उसे साझा करने लगती हैं। काश आप लोग हम किताबों की आपसी बातें सुन पाते। बहुत मज़ेदार होते हैं हमारे संवाद। जिन लेखकों की किताबें बहुत बिकती हैं उनके बहुत मज़े होते हैं, क्योंकि वो किताबें जाने कितनी और किताबों से बातचीत करने के अधिकार अर्जित कर लेती हैं। फिर कुछ वो किताबें होती हैं जिन्हें बहुत पुरस्कार मिले होते हैं, मैंने देखा है कि पुरस्कृत किताबें और बेस्ट सेलिंग किताबों के बीच बहुत नोंक-झोंक होती रहती है। आप सोचते होंगे कि ये किताबों के साथ भी होता है? ऐसा नहीं होता है पर इंसानों के बीच ज़्यादा रहने से हम किताबों की कुछ आदतें ख़राब हुई हैं। हम नई किताबें इस नोंक-झोंक को बहुत आनंद से सुनती

हैं। लेकिन मुझे असल मज़ा आता है अच्छे लेखकों की किताबों की बातें सुनने में, वो कितनी ख़ुश सुनाई देती हैं! कल ही मैं Paul Beatty की किताब The Sellout से बातें कर रही थी, आपको यक़ीन नहीं होगा कि मैं कितना ज़्यादा हँस रही थी। मुझे Chinua Achebe की किताब Things Fall Apart से बातें करना भी बहुत पसंद है। हमेशा उस किताब से बातें करके सब कुछ सुलझा-सुलझा-सा लगता है। आपने पढ़ी हैं ये किताबें?

आपको आश्चर्य हो रहा होगा कि कैसे हम देश-विदेश की किताबों से बातें कर सकते हैं? हम कर सकते हैं, क्योंकि देश-विदेश आपके हैं, हमारे नहीं, भाषा आपकी है, हमारी नहीं। हमारी बस कहानियाँ हैं जो सारी सरहदें, सारी भाषाएँ लाँघ जाती हैं। देश के साथ-साथ आप लोग धर्म को भी बहुत संजीदगी से लेते हैं। हम किताबें आपस में इस बात पर बहुत हँसती हैं। क्योंकि हमारे यहाँ सारी धार्मिक किताबें असल में एक तरह की किताब ही हैं बस, वो भी वैसे ही कहानी कह रही होती हैं जैसे मंटो की कोई किताब। आप लोगों की भाषा में अगर मैं आपको समझाऊँ, तो मुझे कहना पड़ेगा कि असल में किताबें नास्तिक होती हैं। अरे, ऐसे मत चौंकिए, आप यूँ समझिए हमारा DNA पेड़ों से आता है और पेड़ अपनी पूरी नास्तिकता में सीधे तने हुए खड़े रहते हैं। हम किताबों को कहानी कहने के अलावा और किसी चीज़ में दिलचस्पी नहीं है, इसलिए सबसे बड़ी धार्मिक किताबें भी नास्तिक ही हैं। अगर कोई किताब अपनी कही कहानी के लिए लड़ने लगे तो वो कितना हास्यास्पद होगा, आप कल्पना भी नहीं कर सकते हैं। हम किताबें तो लेखक की कल्पना की क़ायल हैं, उसकी कल्पना को आपके सामने खोलकर रखना हमारा काम है। हम हर तरह की कहानियों से आपको रू-ब-रू कराती हैं। हमारी एक कहानी पढ़ते हुए आपको कई और कहानियों के बारे में भी पता चले, इसलिए

हम अपनी कहानी में कई और किताबों का भी ज़िक्र कर देते हैं। जैसे मैंने अपने कहे में कुछ किताबों का आपसे ज़िक्र किया है ताकि आप मुझे पढ़ने के बाद उन्हें भी पढ़ लें। हम किताबों की आपसी दोस्ती इससे बहुत मज़बूत होती है। क्या आपने Herta Muller या Jose Saramago को पढ़ा है? अगर मुझे पढ़ने के बाद इन्हें पढ़ेंगे तो इनसे मेरी दोस्ती थोड़ी और बढ़ जाएगी। मैं इन दो लेखकों की किताबों से बात करना चाहती हूँ। आपको लगेगा कि ये किताबों की अजीब ही व्यवस्था है! हाँ, आप सही कह रहे हैं, हमारी व्यवस्था थोड़ी अजीब तो है।

ऐसा भी होता है कि कई किताबें छपती हैं पर लोग उन्हें पढ़ते ही नहीं हैं। उन किताबों को पूरे जीवन पता ही नहीं चलता कि उनकी कहानी क्या है। पर हम किताबें इस बात से ज़्यादा दुखी नहीं होती हैं। हमें ज़्यादा दुख तब होता है जब इन किताबों जैसे लोग हमें दिखाई देते हैं, जिनके भीतर जाने कितनी बातें दबी रहती हैं। पर वो कभी इन बातों को कहानियों की शक्ल नहीं दे पाते हैं। ऐसे लोगों को देखकर मुझे बहुत दया आती है। मैंने बहुत कोशिश की है ऐसे लोगों से बात करने की। मैं कहना चाहती हूँ उनसे कि लिख दो अपनी कहानी। हम किताबों को ऐसी ही बातों की भूख रहती है जिन्हें कह देने के बारे में सोचते हुए भी आपकी पीठ में सिहरन उठने लगती है। हम किताबें ऐसे लोगों के सपनों में जाकर उन्हें झँझोड़ती हैं। आप सोच रहे होंगे क्या किताबें ये कर सकती हैं? बिल्कुल कर सकती हैं। हमें कोरे रह जाने का डर है इसलिए हमें हमारी ज़मीन आपके सपनों में ही जाकर तैयार करनी पड़ती है। कुछ लोग उन सपनों को देखकर कई दिनों बाद कोरे पन्ने तलाशना शुरू करते हैं, तो कुछ लोग सुबह उठते ही सब भूल जाते हैं। पर जब हिचकिचाते हाथों से कोई पहली बार अपनी बातों को कहानी की शक्ल देना शुरू करता है तो हम किताबें इस बात का उत्सव मनाने लगती हैं। एक नई किताब का पैदा होना कितना अद्भुत

है, ये हम किताबें ही जानती हैं। अंत में वो बातें कहानी की शक्ल लें या न लें, पर वो व्यक्ति अपनी बातों को कहानी बनाने की प्रक्रिया में बहुत ख़ूबसूरत दिखाई देने लगता है। आपको पता है कुछ चीज़ें हैं जो आपमें और मुझमें एक जैसी हैं, जैसे हम दोनों की ख़ूबसूरती हमारे भीतर है, बाहर नहीं। हमारे कवर कितने ही अद्‌भुत क्यों न दिखाई दें, पर हमारी असल ख़ूबसूरती तो सफ़ेद पन्ने पर बिछे काले अक्षरों में ही भरी हुई है। मेरी तरह आपका शरीर भी एक किताब है, बस फ़र्क़ इतना ही है कि मेरे भीतर कहानी लिखी जा चुकी है और आप लगातार अपनी कहानी लिख रहे होते हैं और आप ही कहानी के मुख्य किरदार भी हैं। कभी-कभी जब आप चाय की चुस्कियाँ लेते वक़्त अपने बचपन की कोई घटना किसी को सुना रहे होते हैं, तो आपको नहीं लगता कि आप अपनी ही किताब का कोई पुराना लिखा हुआ चैप्टर उसे सुना रहे हैं? ये अलग बात है कि आपकी कहानी, आपकी किताब, आपके शरीर के साथ चली जाती है। ये बात मुझे इंसानों की बहुत ही लिबरेटिंग लगती है। क्योंकि हमें सड़ जाने की हद तक एक ही कहानी को लेकर चलना पड़ता है। एक तरह से हम किताबें किसी लेखक की लिखी हुई कहानी में क़ैद हैं। क्या आपको भी कभी-कभी लगता है कि आप अपनी ही लिखी कहानी में क़ैद हो गए हैं?

हम दोनों अंत में मात्र एक कहानी से ज़्यादा कुछ नहीं हैं। इसमें मेरा नाम कतरनें है और आपका नाम... (आप स्वयं इस वाक्य का अंत कर सकते हैं)। और तीसरी समानता मुझे लगती है कि जैसे हम किताबों का कोई धर्म नहीं होता है, वैसे ही, मुझे लगता है कि आपका भी असल में कोई धर्म नहीं है। आप कहेंगे- ये मैं कैसे कह सकती हूँ। मैं कह सकती हूँ क्योंकि आपकी सारी धार्मिक किताबों की कहानियाँ हम किताबें ही आप तक पहुँचाती हैं। इस दुनिया में दस (मान लो) धर्म हैं उनमें से आप एक मानते हैं और बाक़ी नौ आपके लिए महज़ कहानियाँ है। तो हम दस में

से नौ जगह तो एक-सी ही बात कह रहे हैं- कि सब कहानी ही है। जैसे हम किसी प्रिंटिंग प्रेस से निकलकर जब अपने पहले पाठक को खोज रही होती हैं, ताकि हमें अपनी कहानी पता चले, वैसे ही आप पैदा होने के बाद बहुत धीरे-धीरे इस बात को समझ रहे होते हैं कि आप किस घर में हैं, किस शहर में हैं, किस देश में हैं, आपका नाम क्या है और आप किस क़िस्म की भाषा बोलते हैं। जैसे ये एक क़िस्म का संयोग ही है कि मेरे कोरे पन्नों पर ये कहानी छपी है, वैसे ही आपके लिए भी ये संयोग से ज़्यादा कुछ नहीं है कि किस घर में पैदा हुए हैं। लेकिन आपकी हालत मेरे जैसी नहीं है कि आपको जो कहानी मिली आप उसे ही ढोते रहें, आप तो बदल सकते हैं, आप इस दुनिया में कहीं भी जाकर किसी भी भाषा को सीखकर अपनी कहानी की हर बार नई शुरुआत कर सकते हैं। जैसे कौन-सी कहानी हम अपने भीतर पाले हुए हैं इसपर हम किताबों का कोई वश नहीं है, वैसे ही आपकी शुरुआत के कुछ चैप्टर्स का आपके ऊपर कोई वश नहीं है। आप अपनी असल कहानी लिखना तो बहुत बाद में शुरू करते हैं। मैं कभी-कभी सोचती हूँ कि हम किताबों को जो भी कहानी मिलती है हम ख़ुशी से उसे साथ लेकर चलती हैं, पर आप तो स्वयं अपनी कहानी रोज़ लिख रहे होते हैं। इतनी बड़ी आज़ादी के बाद भी आप लोग ख़ुश क्यों नहीं दिखाई देते? मैंने फिर आज़ादी शब्द का इस्तेमाल किया है, कितना सुंदर शब्द है ये आज़ादी, ज़रा बोलकर देखिए आप मुस्कुराने लगेंगे।

फिर कुछ लोग होते हैं जो ख़ुद को दूसरों की कहानियों में खोज लेते हैं। आपको पता है ये लम्हे सबसे ज़्यादा ख़ूबसूरत होते हैं। इन लम्हों में, पढ़ने वाले की पकड़ किताब पर ढीली हो जाती है। वह किताब को किनारे रख देना चाहता है पर साथ ही पढ़ते भी रहना चाहता है। इस द्वंद्व में वह जितने भी वाक्य पढ़ता है उसे लगता है वो सारे वाक्य उसी ने लिखे हैं। ये किसी भी किताब के लिए सबसे बड़ी सफलता होती है कि पढ़ने वाले

को लगने लगे कि ये किताब असल में उसी ने लिखी है। मैं लेखक नहीं, किताब कह रही हूँ कि किताब की ये सबसे बड़ी सफलता है। क्योंकि ये किताबें ही हैं जो पाठकों की धड़कनें तक सुन रही होती हैं। हम समझते हैं कि क्या बीत रहा होता है पढ़ने वाले और हमारे बीच, लेखक तक ये सघनता कभी नहीं पहुँच सकती है। उसे फ़ैन-मेल आते हैं जो कभी उन धड़कनों, उन सिसकियों को अपने भीतर नहीं समा सकते हैं, जिन्हें हम किताबों ने, उनके उठते वक़्त, उन्हें जिया होता है। किताब के ख़त्म होने पर जिस तरीक़े से पाठक किताब को कई दिनों तक अपने आसपास रखता है, उसे बहाने से छूता है, इससे आप अंदाज़ा लगा सकते हैं कि पढ़ने वाले का और किताब का रिश्ता कितना गहरा होता है। आप ये न सोचें कि मैं लेखक से जल रही हूँ। मैं बस ये कहना चाहती हूँ कि लेखक कभी समझ नहीं सकता कि उसके अच्छे और बुरे लेखन को हम किताबें कितना सहती हैं। बुरे लेखन पर जब कोई किताब को फेंकता है तो लेखक को तो बस कुछ देर ही कोसता है, पर उस किताब को पाठक गहरे अंधकार में धकेल देता है। उस अंधकार का नाम है- रद्दी। रद्दी, हमारे लिए एक बड़ा डरावना शब्द है, क्योंकि रद्दी के हवाले हो जाने के बाद एक दुखद यात्रा शुरू होती है और उस यात्रा में किताब को ऐसी-ऐसी जगह जाना पड़ता है जिसकी आप कल्पना भी नहीं कर सकते। कभी ठंड में लकड़ियाँ जलाने में हमारे पन्ने फाड़े जाते हैं, कभी कुछ पन्ने आपके हाथों में आते हैं जब आप सेव-पूरी खा रहे होते हैं, कभी अपने सामान को टूटने से बचाने के लिए हमारे पन्नों की कतरनों का इस्तेमाल किया जाता है। आपसे रद्दी के बारे में बातें करने भर से मेरी 'स्पाइन' काँपने लगी है। लेखक को क्या फ़र्क़ पड़ता है, वो दूसरी किताब की तरफ़ रुख़ कर लेता है।

फिर कुछ बहुत ही कमाल किताबें होती हैं जिन्हें लोग सालो-साल सँभालकर रखते हैं। वो शेल्फ़ में ऐसे पड़ी रहती हैं मानो कोई पुरस्कार

हो। उनकी हर कुछ दिनों में सफ़ाई होती है। वैसे किताबों को एहतियात से रखने वाले पाठकों से मिलते ही हम किताबें गद-गद हो जाती हैं। नहीं, मैं ये नहीं कह रही हूँ कि आप वो पाठक बनें। हर व्यक्ति का किताबों से अलग संबंध होता है, वैसे ही जैसे हर किताब की अलग कहानी होती है। मुझे तो एक किताब ने बताया था कि आजकल एक नया चलन चला हुआ है। लोग किताब ख़त्म करके किसी कैफ़े, प्लेन, ट्रेन या बस में उस किताब को छोड़ देते हैं और उसपर लिख देते हैं कि 'ये किताब मैंने ख़त्म की है, मुझे बहुत पसंद आई है, अब ये आपकी है, अगर आपको ये अच्छी लगे तो आप भी इसे आगे बढ़ा देना।' मतलब पूरी दुनिया ही हमारी लाइब्रेरी हो चुकी है।

मुझे लगता है कि मैं आपसे काफ़ी बातें कर चुकी हूँ। अब मुझे आपको मेरी आगे की लिखी बातों के साथ अकेला छोड़ देना चाहिए। लेकिन मैं बस आपसे एक बात और कहना चाहती हूँ, वो ये कि सालो-साल हम किताबों पर इल्ज़ाम लगाया जाता रहा है कि हमारे भीतर लिखी बातों की वजह से हिंसा बहुत बढ़ गई है। 'उस किताब में ऐसा लिखा है', 'इस किताब में वैसा लिखा है' कह-कहकर लोग एक-दूसरे के प्रति हिंसा के अधिकार अर्जित कर रहे होते हैं। ख़ासकर इतिहास की किताबों के साथ तो आजकल क्या-क्या नहीं हो रहा है। आपको बता दूँ कि इतिहास किसी एक आदमी का देखा हुआ सच है, उसे आप उसकी कल्पना मान सकते हैं, लेकिन आप उसकी कल्पना को इतनी संजीदगी से क्यों ले रहे हैं? इतिहास की किताबें अपनी कहानी के ज़रिए सिर्फ़ आपको ये बताना चाहती हैं कि आपके इस दुनिया में आने से पहले क्या-क्या हुआ था। और अगर आपको 'क्या-क्या हुआ था' में दिलचस्पी है, तो आपको बता दूँ हर 'क्या' की सैकड़ों कहानियाँ हैं हमारे पास। हिंसा वहीं से शुरू होती है जहाँ आप इतिहास की किताबों में सिर्फ़ एक लेखक की कल्पना का 'क्या हुआ

था' पढ़कर उसे ही संपूर्ण सत्य मान लेते हैं और उसे सिद्ध करने के लिए लड़ने लगते हैं। असल में इतिहास में आपके प्रश्नों के उत्तर नहीं हैं, वहाँ सिर्फ़ दृष्टिकोण हैं, आपके हर एक सवाल के उत्तर सुझाते हुए दृष्टिकोण, बस। दृष्टिकोण में और असल सत्य में बहुत अंतर होता है। असल सत्य इस दुनिया में कुछ भी नहीं हैं। अगर कुछ असल सत्य होता तो दुनिया बहुत उबाऊ होती, क्योंकि वहाँ हम किताबों की कोई जगह नहीं होती। मैं आपको एक सलाह देती हूँ कि आप हर क़िस्म की किताब को काल्पनिक मान लें। क्योंकि असल में तो सब कल्पना ही है।

मुझे लोगों की लिखी कहानियों से एक बात पता चली है कि इंसान कारण किसी भी चीज़ के ढूँढ़ सकता है, किताबें पढ़ने या न पढ़ने के, किसी को मारने या प्रेम करने के, जीने के या नहीं जीने देने के, हँसने के या छककर रो देने के, नींद के या जागते रहने के। मैं ये कहकर आप पर कोई भी इल्ज़ाम नहीं लगा रही हूँ, मैं बस कहना चाहती हूँ कि ये दुनिया बहुत ख़ूबसूरत है और यहाँ लोगों ने जाने कितनी कमाल की कहानियाँ लिख रखी हैं। उन कहानियों की कल्पना किसी लेखक ने की है, उसे सत्य कहकर, लेखक के हुनर का अपमान मत करो। ये दुनिया अंत में काल्पनिक है और हर मनुष्य अकेला है। हम किताबें उसमें आपका वो मनोरंजन हैं जिससे आप अपने अकेलेपन के भीतर अपनी एक नई दुनिया रचते हैं, ये नई दुनिया आपको चल रही काल्पनिक दुनिया के सिर-पैर समझने के औज़ार देती है। इन औज़ारों से अगर आप लड़ने लगेंगे तो कृपया हम किताबों को बख़्श दें। हम किताबें उन लोगों से आज़ादी चाहती हैं जो हमारे ही दिए औज़ारों का इस्तेमाल एक-दूसरे को मारने के लिए करते हैं। मैं आज़ादी चाहती हूँ, मैं नहीं रहना चाहती ऐसे लोगों की शेल्फ़ में, ऐसे लोगों के बैग में, ऐसे लोगों के हाथों में। शायद इसलिए भी मुझे आज़ादी शब्द बहुत पसंद है।

मुझे बस इतना ही कहना था आपसे। क्योंकि मैं ख़ुद पहली बार ऐसी सीधी बातें कर रही हूँ, तो अगर आपको कोई बात ठीक न लगे तो आप मुझे छोड़कर दूसरी किताब उठा सकते हैं। आपको अपने जीवन में कई बातें ठीक लगेंगी और कई नहीं। जो आपको ठीक लगे आप उसके साथ हो लें। इस दुनिया में विविधता है और विविधता ही इसकी असल सुंदरता है, ये बात हम किताबों से ज़्यादा कौन जान सकता है। तो इस दुनिया की सुंदरता का आनंद उठाएँ, क्योंकि अंत में जैसे ये दुनिया काल्पनिक है वैसे आप भी किसी कहानी में एक काल्पनिक पात्र से ज़्यादा कुछ नहीं हैं। जैसे आप इसे पढ़ रहे हैं ये मेरी कल्पना है, जबकि मैं ख़ुद किसी लेखक की कल्पना हूँ और आपके पढ़ते रहने में वह लेखक असल में आपकी कल्पना का हिस्सा होता जा रहा है।

तो मैं,
कतरनें,
आपकी किताब,
अंत में आपसे कहती हूँ कि,
हैप्पी रीडिंग है।

तुम्हारे भीतर एक बरगद पल रहा था

तुम्हें जानना मैंने वहीं से शुरू किया था, उन्हीं छोटे सँकरे रास्तों से, जहाँ से तुम गुम गई थीं। जब तुम थीं, तो तुम्हें जानने की इच्छा में तुम्हारा दिखते रहना बीच में आ जाता था। तुम्हारे नहीं दिखने में पता चला कि तुम तक पहुँचने के अनेक रास्ते हैं। मैंने हमेशा एक ही रास्ता लिया था। मैं तुम्हें उतना ही जानता था जितने तक तुम दिख जाती थीं। तुम्हारे भीतर एक बरगद पल रहा था इसका मुझे कोई अंदाज़ा ही नहीं था। तुमने एक दिन बताया था कि बरगद की जड़ें कई बार पास के गाँवों तक फैली होती हैं। क्या तुम्हारा विस्तार भी इतना बड़ा था? मैं तुम्हारे लिए क्यों वही दो कविताएँ लिख पाया जिनका ज़िक्र पूरी दुनिया करती फिरती है। तुम्हारे गुम जाने के बाद पता चला कि तुमसे तो कहानियाँ लटक रही थीं और हर कहानी ज़मीन को छूकर उपन्यास हो जाने की संभावना रखती थी। काश मैं उस वक़्त तुम्हारा बरगद देख पाता। आजकल, जब लोग मुझसे वही दो कविताएँ सुनाने को कहते हैं तो मुझे वो प्रेम कविता के बजाय ठंडी त्रासदी लगती हैं। मैं आजकल त्रासदी लिख रहा हूँ, पर मैं तुम्हें लिखना चाहता हूँ, तुम त्रासदी नहीं थीं, त्रासदी मैं था, मैं ख़ुद को नहीं लिख सकता हूँ, क्या मैं जीवन लिख सकता हूँ, जिसका अंत बरगद की जड़ों में कहीं होता है? क्या वो बरगद तुम्हारा बरगद हो सकता है? क्या उस बरगद की जड़ों में मैं अपनी त्रासदियाँ समर्पित कर सकता हूँ?

प्रीय

मैं कुछ वक़्त के लिए दिल्ली में रह रहा था और पहली बार ऐसा हुआ था कि किताब पर हस्ताक्षर करने के लिए अपने पाठकों से मिलने का छोटा-सा प्रबंध किया गया था। हमने जितने लोग सोचे थे उससे कहीं ज़्यादा लोग आ चुके थे। उन्हें देखकर मेरे भीतर एक ख़ुशी थी पर एक अजीब-सी असहजता भी हरकत कर रही थी। मैं हर कुछ देर में एक गहरी साँस लेता ताकि उसे छोड़ते वक़्त वो असहजता बाहर निकल जाए। मैं जैसे ही लोगों के बीच पहुँचा उन्होंने अपनी किताबें मुझे पकड़ा दीं और कुछ ही देर में मैं भीड़ के बीच हस्ताक्षर करने में व्यस्त हो गया। कुछ किताबें एकदम नई थीं और ज़्यादातर किताबें पीली पड़ चुकी थीं। मैं जब उन पीली पड़ चुकी किताबों को देखता, तो उनमें मुझे कसकर पढ़े जाने की ख़ुशबू आती। ये ख़ुशबू नई किताब की ख़ुशबू से जुदा होती है। मैं अक्सर ऐसी किताबों के पन्ने पलटकर अंदर झाँक लेता हूँ। हमेशा मुझे किताब के किनारों पर कहीं कुछ लिखा हुआ दिख जाता, कभी चिह्नित किए वाक्य दिख जाते, मुड़े हुए पन्नों पर मैं अक्सर ठिठक जाता और फिर उसे देखना चाहता जिसकी ये किताब है, पर उस भीड़ में मुझे किसी का भी चेहरा ठीक से दिखाई नहीं दे रहा था। बस वो हाथ थे जो किताब लेकर मेरी तरफ़ बढ़ रहे थे और मेरे हस्ताक्षर लेते ही ग़ायब होते जा रहे थे।

उस भीड़ में अचानक मुझे याद आया कि उसने कहा था वह आएगी। मेरे बैग में उसकी लिखी हुई किताब रखी थी- 'टेसू के फूल'। जाने कितने दिनों बाद मैंने इतनी सुंदर कहानियाँ पढ़ी थीं। मैं उससे उसकी लेखनी पर बात करना चाहता था। पर इस भीड़ में वह मुझे कहीं दिखाई नहीं दे रही थी। मैंने फिर एक गहरी साँस ली और लोगों के हाथों से किताब लेने और हस्ताक्षर करने में जुट गया। मुझे लग रहा था कि मैं जितनी बार गहरी साँस ले रहा हूँ, उतनी बार मैं अपने भीतर और ज़्यादा असहजता उड़ेलता जा रहा हूँ। मैंने गहरी साँस लेना बंद किया। मेरी उँगलियाँ जवाब देने लगी थीं, मेरे हस्ताक्षर बिगड़ते जा रहे थे। पर ये इवेंट ही बुक साइनिंग का था तो मुझे सारे लोगों की किताबों पर हस्ताक्षर करने ही थे।

मेरे हाथों में पीली पड़ चुकी एक किताब थी और मैं उस किताब के पन्ने पलटकर देख ही रहा था कि मुझे एक आवाज़ आई, "ये मेरी किताब है, मैं पूछना चाहती हूँ कि आपने राजिल को इतनी तकलीफ़ क्यों दी, जब चोटी राजिल... (राजिल और चोटी मेरी किताब, शर्ट का तीसरा बटन, के पात्र हैं।)"

वह मेरे पात्रों के बारे में ऐसे सवाल कर रही थी मानो मैंने उसके निजी जीवन के बारे में ये किताब लिखी हो। मेरे हाथों में उसकी किताब थी और मेरे हाथ काँपने लगे थे। मैं उसकी तरफ़ देखना चाहता था, तभी किसी ने पीछे से दूसरा सवाल पूछ लिया, किसी दूसरे पात्र के बारे में। फिर उस पात्र के कहे संवाद किसी ने ऐसे कहे जैसे वो पात्र मेरे सामने खड़ा हो। ये बहुत ख़ूबसूरत था, पर मैं इतनी ख़ूबसूरती का आदी नहीं था। मैं ठिठक गया। मैंने हस्ताक्षर करना बंद कर दिया। मैंने जवाब देने के लिए अपना गला साफ़ किया पर मुझे लगा कि मेरे गले में कुछ अटक गया है। इस भीड़ में इतने निजी व कोमल सवालों के जवाब देने में मुझे हिचक हो रही थी। मैं कुछ कह पाता तब तक मैंने देखा मेरी आँखें गीली हो गई

हैं, मेरे होंठों के आसपास एक क़िस्म की कँपकँपी शुरू हो गई है। मैंने जवाब देना रद्द किया और बग़ल में रखी बोतल से ढेर सारा पानी पीने लगा। उसके बाद मैंने ख़ुद को हस्ताक्षर और तस्वीरों में उलझा लिया। जब इवेंट ख़त्म हुआ तो मैं तुरंत अपने होटल रूम में चले जाने के बारे में सोचने लगा। लेकिन इवेंट के बाद दोस्तों के साथ पीने का प्लान था। मैंने ख़ुद को जैसे-तैसे समेटा और दोस्तों के साथ शराब पीने बैठ गया। मैं पूरे वक़्त ख़ुद को छिटका हुआ महसूस कर रहा था। होंठों के अगल-बग़ल की कँपकँपी अभी तक शांत नहीं हुई थी। मैं शराब के हर घूँट के साथ अपनी असहजता को निगल जाना चाहता था, पर वो रह-रहकर मेरे शरीर में हरकत कर रही थी।

मुझे दिल्ली शहर बहुत पसंद है। मैं ठीक इस वक़्त दिल्ली की सड़कों पर उसके साथ भटकना चाहता था। काश वह आज आई होती तो मैं उसके साथ अभी सड़क किनारे कहीं राजमा-चावल खा रहा होता। कुछ ही देर में मेरा, मेरे दोस्तों के साथ बैठना मुश्किल हो गया। सबसे विदा लेकर जैसे-तैसे मैं अपने होटल पहुँच गया था। तभी उसका मैसेज आया, वह जाने से पहले मिलना चाहती थी। मैं अपने बिस्तर पर चित पड़ा हुआ था। उस वक़्त मैं किसी से मिलना नहीं चाह रहा था। मैंने मैसेज का कोई जवाब नहीं दिया।

मैं सोचने लगा 'मैं' उस वक़्त कौन था जब मुझे मेरे गले में कुछ फँसा हुआ महसूस हो रहा था? और फिर उस वक़्त कौन था जिसने ख़ुद को हस्ताक्षर और तस्वीरों के बीच झोंक दिया था? क्या होठों की कँपकँपी लिए हुए वो राजिल था, मेरी किताब का मुख्य पात्र, या मैं रोहित था, जो अंतिमा के पन्नों में गीले माँझे-सा उलझा पड़ा था? जिसका मैसेज अभी-अभी आया था क्या वो अंतिमा थी?

'तुम मेरी किताब पर साइन करना भूल गए।' उसका अगला मैसेज

आया।

मैं मैसेज पढ़ते ही चौंक गया। वह वहाँ थी, पर मुझे दिखी क्यों नहीं? मैंने तुरंत उसे मैसेज किया, 'तुम मेरे होटेल के नीचे आ जाओ, मैं नीचे आता हूँ। वहीं किताब साइन भी कर दूँगा और तुम्हारी कहानियों पर हम बात भी करेंगे।'

वह कुछ टाइप कर रही थी, पर देर तक उसका कोई मैसेज नहीं आया। मैं इंतज़ार करता रहा। मैंने फिर उसे लिखा, 'अगर तुम्हें कोई दिक़्क़त है तो मैं आ जाता हूँ। हम किसी कैफ़े में बैठ जाएँगे।'

कुछ देर बाद उसका जवाब आया। 'क्या मैं आपसे मिलने आपके होटल आ सकती हूँ?'

मैं कुछ देर सोचता रहा। मुझे यूँ होटल के कमरे में किसी को बुलाना ठीक नहीं लगता है, पर मैंने उसे पढ़ा है, उसके साथ कुछ वक़्त दिल्ली में भी गुज़ारा है, मैंने उसे बुला लिया। उसे मैसेज करते ही मैं तुरंत उठा और अपने कमरे को ठीक करने की कार्यवाही के बीच में अपने लिए एक ड्रिंक भी बना लिया। मेरे होटल के कमरे इतने ज़्यादा अस्त-व्यस्त रहते हैं कि अगर कोई इन्हें देख ले तो लगेगा यहाँ कोई युद्ध लड़ा गया है। ये भी एक कारण है कि मैं लोगों को अपने होटल के कमरों में नहीं बुलाता हूँ। मैंने अपने सारे बिखरे हुए कपड़ों को जैसे-तैसे सूटकेस में ठूँसा, सूटकेस उठाकर एक कोने में खड़ा कर दिया। किताबों को और बिखरे पड़े पन्नों को तरतीब से टेबल पर रख दिया। चाय के जूठे बर्तनों को अपने कमरे के दरवाज़े के बाहर रख दिया। इतना सब करने पर भी कमरा बिखरा हुआ ही दिखाई दे रहा था। मैं इससे ज़्यादा कुछ भी नहीं कर सकता था। कुछ देर में ड्रिंक पीते हुए मैंने ख़ुद को शावर के नीचे पाया। देर तक गुनगुने पानी को अपने शरीर से बहते हुए देखता रहा। मैं ठीक से उस वक़्त कुछ

भी महसूस नहीं कर पा रहा था। नहाकर मैं बिस्तर पर पसर गया मानो मैं समर्पण करना चाहता हूँ। अगर मैंने उसे नहीं बुलाया होता तो अब तक सो चुका होता। फिर मैं बिस्तर पर पड़े-पड़े सोचने लगा कि मेरा मेरे लिखे से ऐसा संबंध क्यों हैं? मैं क्यों बिखरने लगता हूँ लोगों के बीच, ख़ासकर अपने ही लिखे पर बात करने में। तभी कमरे की घंटी बजी। पर तब तक मैं ख़ुद को समेट नहीं पाया था। उसने कमरे में प्रवेश बहुत उत्साह में किया। मैंने देखा उसके एक हाथ में वाइन की बोतल थी। मैंने कुछ वक़्त तक कोशिश की उसके उत्साह में शामिल होने की, पर फिर मैं और अभिनय नहीं कर पाया और निढाल होकर वापस अपने बिस्तर पर पसर गया। मेरी इच्छा हुई कि उससे कह दूँ कि मैं बहुत बिखरा हुआ हूँ, अकेला रहना चाहता हूँ, पर अब बहुत देर हो चुकी थी।

हम दोनों वाइन का दूसरा गिलास गटक रहे थे। मैं उसकी किताब और उसके लिखे के बारे में लगातार बात कर रहा था। बीच बातचीत में जब कभी भी मैं चुप होता तो ख़ुद को बहुत असहज पाता, सो तुरंत कुछ बोलना शुरू कर देता। पर चुप्पी के बाद मैं जब भी बात शुरू करता तो पिछली बात का सिरा मेरे हाथों से छूट चुका होता। मैं बात ऐसे शुरू करता मानो इससे पहले हमारी कोई दूसरी बात हुई ही न हो। क्या मैं बढ़ती उम्र के साथ कुछ ज़्यादा ही बातें करने लगा हूँ? फिर मुझे याद आया कि मैं कितने वक़्त के बाद इस तरह किसी लड़की के साथ अकेला कमरे में वाइन पी रहा हूँ। ये आख़िरी बार कब हुआ था इसका मुझे कोई अंदाज़ा नहीं है। सारी असहजता शायद इसी अनजानी ज़मीन से कहीं फूट रही थी। मैं लगातार बोलते रहने में सहजता तलाश रहा था।

"मैं क्या कह रहा था?" मैंने झेंपते हुए उससे पूछा।

वह जवाब देने के बजाय मुस्कुराकर मुझे देख रही थी। मैंने हड़बड़ाते

हुए उसे वो बताना चाहा जो आज घटा था। कैसे मैं काँप गया था अपने पात्रों के बारे में निजी सवाल सुनकर। मैंने देखा वह मेरे पास आ रही है। मैंने बोलना बंद नहीं किया, शायद हड़बड़ाहट में मैं कुछ तेज़ी से बोलने लगा था। वह मेरे क़रीब आई और उसने अपनी उँगली मेरे होंठों पर रख दी। मैं चुप हो गया था।

"मैं समझ गई कि तुम्हें मेरी कहानियाँ अच्छी लगी हैं। पर अब मैं और नहीं सुनना चाहती हूँ, न अपने लेखन के बारे में और न ही तुम्हारे लिखे के बारे में।"

उसने अपने फ़ोन पर कुछ गाने लगाए और वाइन का गिलास हाथ में लिए वह होटल की बड़ी खिड़की के पास जाकर खड़ी हो गई। वहाँ से पूरा दिल्ली शहर दिखाई देता था। मुझे लगा किसी ने मेरा प्लग निकाल दिया है। मैं इतनी देर से जाने क्या बोले जा रहा था। इस चुप्पी में जब उसकी पीठ मेरी तरफ़ थी तो मुझे लगा मेरे पास असल में बोलने के लिए ज़्यादा कुछ नहीं था। जो एक सवाल मैं उससे पूछना चाहता था वो ये था कि 'क्या तुमने मेरी नई किताब पढ़ी है?' मैंने अपना वाइन का गिलास उठाया और उसकी तरफ़ बढ़ने लगा। पता नहीं क्यों मुझे लगा कि इस दृश्य को मैंने पहले कभी देखा है। एक लड़की, होटल के कमरे में बड़ी-सी काँच की खिड़की से बाहर शहर को देखती हुई खड़ी है, उसके हाथों में वाइन का गिलास है और पीछे Litvinovsky का धीमा संगीत बज रहा है। हाँ मैं जानता था कि ये Litvinovsky है, मैंने इसी संगीत को लगातार सुनते हुए, बहुत पहले एक कहानी लिखी थी।

ये शायद किसी फ़िल्म का दृश्य है, नहीं, ये मैंने अपने ही किसी उपन्यास में लिखा हुआ है। हाँ याद आया, ये मैं अपने नए लेखन में लिख रहा था, पता नहीं लिख रहा था या मैं ये लिख चुका था। मुझे ठीक से

याद है, पर उस याद वाले दृश्य में लड़की ने कपड़े नहीं पहने थे। क्या मैं अपने ही लिखे को पढ़ते हुए उसमें सुधार कर रहा हूँ? जहाँ पहले ये लड़की कपड़े नहीं पहनी थी को काटकर मैंने उसे कपड़े पहना दिए हैं?

मैं उसकी तरफ़ बढ़ रहा था पर उसके पास तक पहुँच नहीं पा रहा था। मुझे लगा मैं राजिल या रोहित (मेरे उपन्यास के पात्र) के घर की सीढ़ियाँ चढ़ रहा हूँ लेकिन सीढ़ियाँ ख़त्म होने का नाम नहीं ले रही हैं। फिर मुझे लगा कि मैं उसकी तरफ़ नहीं, Litvinovasky के संगीत की तरफ़ चल रहा हूँ, पर उस संगीत तक पहुँच नहीं पा रहा हूँ।

तभी वह पलटी, मैं अभी तक भी उसके क़रीब पहुँचा नहीं था।

"तुम यहीं क्यों नहीं हो?" उसने पलटते ही पूछा। मैं रुक गया।

"कहाँ?"

"कहाँ हो तुम इस वक़्त?"

"यहीं हूँ।"

उसने अपना सिर न में हिलाया और मेरे सामने से निकल गई। टेबल पर वाइन की बोतल रखी हुई थी। उसने अपने गिलास में वाइन डाली और बची हुई वाइन को मेरे गिलास में उड़ेल दिया। बोतल ख़त्म हो गई थी। उसने गिलास को हवा में उठाया और कहा,

"To your new book."

मेरे बिस्तर में तकिए के बग़ल में Natalia Ginzburg की किताब The Little Virtues औंधी पड़ी हुई थी। उस किताब को देखते ही मुझे याद आया कि मैं उसके किस हिस्से पर अटका हुआ था। उस वक़्त Natalia Ginzburg अपने लेखक होने के बारे में बात कर रही थीं। उस किताब की कुछ दूरी पर किंडल पड़ा हुआ था जिसमें मैं Patti Smith की किताब Devotion पढ़ रहा था। मुझे एक बर्फ़ से जमे तालाब पर एक लड़की स्केटिंग करती दिखने लगी। उसके बग़ल में मेरा

फ़ोन पड़ा था जिसमें Paul Beatty की audiobook 'The Sellout' आधी सुनी हुई पड़ी थी। मैं उस वक़्त उसके उस हिस्से में था जिसमें एक अफ़्रीकन अमेरिकन बच्चा ख़ुद को श्वेत महसूस करने लगता है और इस बात पर उसे अपने ही घर में बहुत मार पड़ती है। 'मैं कहाँ हूँ' का यही जवाब होता अगर वह ये सवाल अभी पूछती। अगर वह सच में अभी ये सवाल पूछती तो मैं उससे ये भी कहता कि मैं असल में Natalia, Patti, Paul के साथ टहल रहा था और उनसे 'अभी आता हूँ' कहकर मैं इस काल्पनिक दुनिया में चला आया था, जहाँ अभी मैं अपने वाइन के तीसरे गिलास के साथ इस बिस्तर पर तुम्हारे क़रीब पड़ा हुआ हूँ, जहाँ कुछ वक़्त पहले मैं अपनी किताबों पर हस्ताक्षर कर रहा था।

'यथार्थ झूठ है कल्पना सच है' विनोद कुमार शुक्ल ने ये कहा था। उन्होंने बिल्कुल सही कहा था। मुझे भी आजकल लगने लगा था कि यथार्थ असल में कल्पना है और सारी काल्पनिक कहानियाँ सच हैं। मेरे दिमाग़ में हमेशा वो रास्ते खुले रहते जहाँ से चलकर मैं तुरंत Patti, Natalia और Paul की दुनिया में प्रवेश कर जाऊँ। एक माफ़ी के साथ उनके साथ वापस टहलना शुरू कर दूँ।

मैं बिस्तर पर टिककर बैठा था। Wine की ख़ाली बोतल टेबल पर पड़ी हुई थी। संगीत बदल चुका था, Sufjan Stevens का गाना Death with Dignity जाने कब से लूप पर बज रहा था। हम दोनों ने जो कपड़े पहने हुए थे वो बिस्तर के चारों तरफ़ बिखरे हुए थे। उसके पैर मेरी गोद में रखे हुए थे, जिन्हें मैं सहला रहा था।

"तुम्हें याद है मैं इवेंट में बुक साइन कराने के लिए तुम्हारे पास आई थी?" उसने कहा।

"तुमने तो कहा था कि मैंने बुक साइन नहीं की।"

वह तकियों का सहारा लेकर औंधी लेटी हुई थी। उसकी आँखें शहर की रात में सबसे दूर वाली रोशनी की तरफ़ भाग रही थीं। दिल्ली उस वक़्त बहुत गर्म थी और कमरा बहुत ठंडा। मैंने अपने शरीर पर रज़ाई ओढ़ रखी थी। बाहर से आती चाँद की रोशनी में उसका शरीर चमक रहा था। मैं उसके शरीर पर उसके कोमल बालों के रोएँ देख सकता था।

"मैं लाइन में लगकर जब तुम्हारे पास पहुँची तो तुमने किताब लेते हुए मुझे देखा था और फिर तुमने किताब के ख़ाली पन्ने पर 'प्रीय' लिखा, जो तुम हमेशा ग़लत लिखते हो, बड़ी ई की मात्रा के बजाय छोटी इ की मात्रा होती है प्रिय में, और तुमने मुझे देखते हुए मेरा नाम पूछा।"

"सच में?"

वह उठी और उसने अपने बैग से किताब निकालकर मुझे दिखाई। किताब पर बस 'प्रीय' लिखा हुआ था।

"मैंने तुम्हारे हाथों से किताब ली और लाइन से अलग खड़ी होकर तुम्हें देखने लगी। मैं डर गई थी। मुझे लगा तुमने जानबूझकर ऐसा किया है। उस एक क्षण में मैं उस भीड़ में खड़ी एक लड़की थी जिससे तुम कभी नहीं मिले थे। मुझे बहुत ही अजीब लगा।"

वह चुप हो गई थी। मैं उससे माफ़ी माँगना चाहता था पर मैं चुप रहा। मैं उससे कहना चाह रहा था कि मैं पूरे वक़्त तुम्हें ही तलाश रहा था भीड़ में। उस तलाश में भी मैं उसे नहीं देख पाया जिसे तलाश रहा था, जबकि वह मेरे सामने खड़ी थी। मैं उससे आँखें नहीं मिला पाया। मैंने उसे उसकी प्रति वापस की और लेट गया। अपनी रज़ाई से मैंने उसके शरीर का आधा हिस्सा ढक दिया। कुछ देर में उसने अपने पैर रज़ाई से बाहर निकाल दिए।

"मैं जब कोरिया में था तो मेरे कमरे में एक कॉफ़ी बनाने की मशीन थी। मैं पूरा महीना उसे चलाना नहीं सीख पाया। बार-बार उसे चलाने की कोशिश करता पर हर बार उलझ जाता। मैं चाहता तो अपने कोरियन दोस्तों से पूछ सकता था कि इसे कैसे चलाते हैं? पर मैं झेंप गया था। मैं नहीं चाहता था कि मेरे कोरियन दोस्तों को पता चले कि मुझे कॉफ़ी मशीन तक चलाना नहीं आता है। आजकल मेरे घर में वही कॉफ़ी मशीन है। अगर मैं कोरिया में अपने कोरियन दोस्तों से मशीन चलाना सीख लेता और पूरे महीने अच्छी कोरियन कॉफ़ी पीता तो क्या मैं इस वक़्त कोई दूसरा आदमी होता?"

मेरे कहते ही उसने मेरी तरफ़ देखा।

"तुम ये क्या बातें कर रहे हो? यहीं क्यों नहीं हो तुम?" उसने कहा।

"यहीं तो हूँ।" मैंने बुदबुदाया।

"कहाँ थे तुम बुक साइनिंग के वक़्त? क्यों तुमने मुझे नहीं पहचाना?"

इसका क्या जवाब हो सकता था। मैं उससे कहना चाह रहा था कि मैं ख़ुद इस बात से जूझ रहा हूँ कि मैंने तुम्हें क्यों नहीं पहचाना। कुछ देर में वह उठी और अपने कपड़े समेटकर बाथरूम में चली गई। बाथरूम से जब वह निकली तो मुझे लगा, ये वो लड़की नहीं है जिसके साथ मैं अभी बिस्तर में लेटा हुआ था।

"ऐसे क्या देख रहे हो।" उसने पूछा।

"तुम बहुत सुंदर लग रही हो।"

मुझे लगा मेरी बात उस तक नहीं पहुँची। कुछ देर बाद वह मेरे कमरे से जा चुकी थी। उसके चले जाने के बाद मुझे देर तक नींद नहीं आई। मुझे याद आया कि जब हम एक हफ़्ते पहले हुमायूँ की क़ब्रगाह पर गए थे तो उसने पूछा था- "इस गर्मी में हम यहाँ क्यों आए हैं?"

मैं दिल्ली आने के पहले ही दिल्ली से प्रेम करता था और उसका कारण मेरा पढ़ा हुआ था। मैंने उससे कहना चाहा कि निर्मल वर्मा की एक कहानी है जो हुमायूँ की क़ब्रगाह पर घटित होती है। मैं जब भी दिल्ली आता हूँ तो यहाँ ज़रूर आता हूँ और यहाँ आते ही मैं वापस उस कहानी में प्रवेश कर जाता हूँ। मैं यहाँ नहीं होता हूँ, मेरा होना दो भागों में बँट जाता है। पहला भाग बंबई की चॉल के उस छोटे से कमरे में मंडरा रहा होता है जहाँ मैंने वो कहानी पहली बार पढ़ी थी और दूसरा भाग उस कहानी में निर्मल वर्मा के उन दो पात्रों के ठीक पीछे चलना चाहता है जो हुमायूँ की क़ब्रगाह में टहल रहे थे।

मैं उसे ये जवाब नहीं दे पाया था। हम हुमायूँ की क़ब्रगाह में भटकते रहे। कुछ वक़्त बाद उसे टेसू के फूल दिखे और उसका मन लग गया। तब तक मैंने उसकी कहानी की किताब 'टेसू के फूल' नहीं पढ़ी थी। वह देर तक उन्हें देखती रही। उन्हीं फूलों के अगल-बग़ल वह बैठ गई। इस वक़्त वह मेरे साथ नहीं थी। वह उन फूलों से उसके संबंध के इर्द-गिर्द थी।

मैंने तुरंत उसे जवाब दिया कि दिल्ली आते ही मुझे लगता है कि मैं एक बार यहाँ आ जाऊँ, यहाँ आकर मैं निर्मल वर्मा की कहानी के क़रीब ख़ुद को महसूस करता हूँ।

लेकिन उसने सवाल हुमायूँ की क़ब्रगाह में प्रवेश करते वक़्त पूछा था कि हम यहाँ इस गर्मी में क्यों आए हैं? वह मुझे ताकती रही। शायद वह भूल भी गई थी कि उसने यहाँ आते वक़्त ये सवाल मुझसे किया था। पर वह अपने देखने में ठीक मुझे भी नहीं देख रही थी, वह शायद टेसू के फूल की अपनी कहानी में थी।

मैं होटल के कमरे में अकेला पड़ा हुआ वापस अपने लिखे से अपने संबंध के बारे में सोचने लगा, फिर सोचने लगा कि मेरा मेरे आसपास के लोगों से कैसे संबंध हैं? मेरी इच्छा हुई कि तुरंत उसे फ़ोन करूँ और

उससे माफ़ी माँग लूँ। जैसे ही मैंने माफ़ी माँगने के लिए अपना फ़ोन उठाया तो मुझे याद आया कि जाने कितने लोग हैं जिनसे मुझे माफ़ी माँगनी है। क्या आज रात सिरे से सबको फ़ोन करूँ ? क्या अपने अतीत से माफ़ी माँगना मुमकिन है ? अतीत सबको अलग-अलग तरीक़े से याद रहता है। मेरे अतीत के लिए अगर मैं किसी और से माफ़ी माँगूँ तो वो मुझे अवाक् ताकता रहेगा। क्योंकि उसके अतीत में मैं शायद अब हूँ ही नहीं। फ़ोन मेरे हाथों में था और मैं फिर भटक गया था।

मैं वापस उसके बारे में सोचने लगा, वह वाइन की बोतल लेकर आई थी मेरी नई किताब को सेलिब्रेट करने और मैं उसके एक छोटे-से सवाल का जवाब नहीं दे पाया कि मैंने उसे पहचाना क्यों नहीं।

मैंने पेपर और पेन उठाया और उसे एक ख़त लिखा—

'प्रीय,

ख़त यूँ तो मुझे माफ़ी से शुरू करना चाहिए पर फिर तुम इसे आगे नहीं पढ़ोगी, तो मैं सीधी बात पर आता हूँ।

ये सिर्फ़ आज रात की बात नहीं है या आज शाम की भी नहीं, जब मैं बुक साइनिंग के इवेंट में था। ये बात बहुत पहले से मेरे साथ है। मैं ख़ुद इससे थक गया हूँ। इस बात का संबंध लेखन से है। तुम कहोगी कि मैं फिर लिखे की आड़ में छुपने की कोशिश कर रहा हूँ, पर ऐसा नहीं है। मैं तुमसे सब कुछ कहना चाहता हूँ।

बुक साइनिंग के दिन जब मैंने शुरुआती किताबें साइन करनी शुरू कीं, तो मेरी आँखें तुम्हें ही तलाश रही थीं। मैं तुम्हारी कहानियाँ पढ़कर ही वहाँ आया था और मैं तुम्हें गले लगाना चाहता था, तुम्हारे लेखन के लिए। पर तुम मुझे वहाँ कहीं भी नहीं दिखीं। फिर लोग मेरे लिखे के बारे में, कहानियों की भीतरी दुनिया के बारे में मुझसे बातें करने लगे। और वो

सवाल नहीं थे, वो संवाद थे, मेरे पात्रों के बारे में, मेरे लिखे के बीच के वक़्फ़े में फैली झिझक के बारे में। मेरा सिर नीचे था और मैं किताबें साइन करता जा रहा था। तभी मैंने पाया कि मेरा गला भर रहा है। मेरी आँखों के किनारों पर पानी जमा हो रहा है। मैं किताबें साइन करते हुए अपना चेहरा छुपाए रखना चाह रहा था। जो बहुत मुश्किल था। मैं इतना असहज हो गया था कि मैं वहाँ से निकल जाना चाहता था पर ये मुमकिन नहीं था।

तुम्हारे आने के पहले जब मैं अपने कमरे में अकेला था तब मैं एक गहरा गड्ढा खोदना चाह रहा था। पर उस गड्ढे में पानी डालकर अपना अक्स तलाशूँ या ख़ुद उसमें दफ़्न हो जाऊँ, इन बातों को लेकर मैं निढाल पड़ा था। जब तुमने पूछा कि मैंने तुम्हें पहचाना क्यों नहीं, तब मैं उस गड्ढे के भीतर खड़ा था। न मेरे पास पानी था और न ही मिट्टी। मैं अपने खोदे हुए गड्ढे की तरह सूखा पड़ा था।

मेरा, मेरे लिखे से संबंध बहुत जटिल है। मैं ख़ुद इस जटिलता को सरलता की तरफ़ धकेलना चाहता हूँ। यूँ समझो कि ये प्रयास मैंने इस ख़त से ही शुरू किया है।

मैं अपने पुराने लिखे को अपने से बहुत दूर रखता हूँ। कई बार मुझे लगता है कि मुझे अपना पुराना कुछ भी याद नहीं रहता है, पर ज्यों ही कोई मेरे लिखे पर ख़ुद के पढ़े की समझ से कोई बात करना शुरू करता है, तो मैं किसी बच्चे-सा सहम जाता हूँ। मुझे लगता है कि मैं चोरी करते हुए पकड़ा गया हूँ। मुझे सारी आवाज़ें आना बंद हो जाती हैं और मैं सीधा उन क्षणों में पहुँच जाता हूँ जहाँ मैंने वो लेखन किया था। मुंबई के छोटे कमरे, यूरोप, पहाड़, नदी, संगीत और ख़ुद का देर तक अकेले टहलना, ये सारे दृश्य मुझे ऐसी जगह पहुँचा देते हैं, जहाँ मुझे लगता है कि मैं जाने कब से गुम हुआ पड़ा था। मैं कभी वहाँ से निकला ही नहीं था। मैं उन कहानियों को अभी भी लिख रहा हूँ। वो मेरे लिए कभी पूरी नहीं हुई थीं।

मैं जब कहता हूँ कि मैं छोड़ चुका हूँ तो क्या छूटता है? मैं अपने सारे लिखे को कॉपी लेफ़्ट की श्रेणी में रखता हूँ। पुरानी लिखी किताबों के पास जाकर उनके पन्ने पलटता हूँ तो मुझे कुछ भी एहसास नहीं होता है। पर जब कोई मेरे लिखे के बारे में बात करना शुरू करता है तो मुझे लगता कि वो मेरे किसी पुराने किए गुनाह के सबूत पेश कर रहा है और मेरी सज़ा तय है। कैसी सज़ा? कौन-से गुनाह?

तुमने कहा था कि तुम यहीं क्यों नहीं हो? मैं वहाँ नहीं था। मैं ख़ुद तुम्हें बताना चाहता हूँ कि मैं कहाँ था। मैं भटकना कह सकता था। पर नहीं, मैं भटक नहीं रहा था। मुझे पता था कि जगह क्या है। मैं उस जगह पर स्थिर खड़ा था। मैं स्थिर था और आसपास का सारा कुछ घूम रहा था।

मुझे नहीं पता कि मैं अभी भी तुम्हारी बातों के जवाब दे पाया कि नहीं, पर शायद वो जगह बना पाया हूँ जहाँ खड़े होकर मैं तुमसे कह सकता हूँ कि 'मुझे माफ़ कर दो।'

'I am sorry.'

ख़त लिखते ही मुझे लगा कि मैंने एक गुनाह क़ुबूल किया है। फिर एक बहुत ही छिछला विचार मेरे भीतर आया कि क्यों न मैं इस ख़त को अपने लिखे में कहीं छपवा दूँ, क्योंकि मुझे बहुत लोगों से माफ़ी माँगनी है तो ये माफ़ीनामा कभी न कभी तो सबके पास पहुँच ही जाएगा। मुझे इस विचार के आते ही ख़ुद से घृणा होने लगी। फिर मैंने अपने ख़त को वापस पढ़ा और लगा, मैं कितना ज़्यादा ख़राब आदमी हूँ। अपने सारे कहे में भी मैंने वो नहीं कहा जो वह सुनना चाहती है। मैं सीधा माफ़ी माँगने की भी क्षमता नहीं रखता हूँ। मैं ख़ुद को कोसने लगा और मैंने अपने ख़त को मोड़कर डस्टबिन में फेंक दिया।

मैं अपना कमीनापन जानता हूँ। मैंने इस ख़त को फाड़ा नहीं था बल्कि मैंने महज़ इस वक़्त का ग़ुस्सा उसपर निकाला था। मैं जनता हूँ कि मैं सुबह उठूँगा और इस ख़त को सीधा करूँगा फिर एक न एक दिन ये मेरे लिखे का हिस्सा होगा। मैंने क़सम खाई कि मैं ऐसा नहीं करूँगा। मैं कभी इस ख़त को छपने नहीं दूँगा। मैं इतना भी छिछला आदमी नहीं हूँ।

काश

बताए चार क़दमों में
एक अपने क़दम के नए पदचिह्न
जब उभरने लगते हैं
तो अगल-बग़ल
'अब क्या करना है?' का शोर सुनाई देने लगता है

अपने नए पदचिह्न भूलकर
हम 'कुछ तो करना है' की सुरक्षिक सड़क पर भागने लगते हैं
सीधी लंबी सड़क ख़त्म होने का नाम नहीं लेती है
हम रोज़ उसपर भागने निकल जाते
और शाम को वहीं आ जाते जहाँ से भागना शुरू किया था
क्योंकि सब यही कर रहे थे तो
इसमें 'हम ये क्यों कर रहे हैं' के सवाल ग़ायब थे

फिर एक दिन
'कैसा होना चाहिए था' के चौराहे हमें याद आने लगते हैं
उन चौराहों पर

'कैसे जी सकते थे' की गलियों की टीस उभरने लगती है
'कैसे जी सकते थे' की टीस में
'कैसे जी रहे हैं' चुभने लगता है
उस चुभन में
'हम वैसे ही होते जाएँगे जैसे सब हैं' खलने लगता है

खलने और चुभने की शरीर को अब आदत लग जाती है
इन आदतों भरी शामों में
अब, जब हमें किसी बच्चे के नए पदचिह्न दिखाई देते हैं
तो हम तुरंत उसे रोककर पूछते हैं कि
अब क्या करना है, सोचा है?

जनवरी

हल्की ठंड की सुबहों में तुम्हारे बग़ल में जब मेरी आँखें खुलती थीं तो मुझे अपनी क़िस्मत पर यक़ीन नहीं होता था। गुलाबी धूप की एक लकीर बिस्तर पर हमारे बीच पड़ी रहती। जब तुम आँखें खोलतीं तो उस लकीर की चमक मुझे तुम्हारी आँखों में दिखती। मैं ख़ुद को रोक नहीं पाता और तुम्हारे अलसाए चेहरे को देर तक चूमता रहता। मानो अपनी अच्छी क़िस्मत को चूम रहा हूँ। कुछ देर बाद तुम उस धूप की लकीर पर सस्ते बिस्कुट और गर्म चाय लाकर रख देती थीं। मैं उस जनवरी के महीने की सुबह में उन सस्ते बिस्कुट को चाय में डूबाने और उससे भाप उठने की क्रिया को आजकल बहुत याद करता हूँ। हाथों से मुँह की यात्रा में अधिकतर बिस्कुट टूटकर गिर जाया करते थे और तुम्हारा देर तक हँसना घर में गूँजता रहता। मैं तुम्हारी हँसी अभी भी सुन सकता हूँ। मैं अभी भी देख सकता हूँ तुम्हारी उँगलियों का चाय से उठ रही भाप से खेलना। ऐसे में मैं महसूस करता हूँ कि मैं कितना भूखा हूँ। मुझे ऐसे दृश्यों को फिर से जीने की बहुत तेज़ भूख लगती है। ये अजीब तरह की भूख है जो एक क़िस्म का रसायन मेरे दिमाग़ में छोड़ती है, जिससे मुझे मेरा ख़ाली कमरा गीला दिखाई देता है। मानो मेरा पूरा कमरा चाय की उस भाप में तैर रहा हो।

आजकल जनवरी की ठंड है और धूप एक धब्बे की तरह मेरे कमरे में आकर बिस्तर पर गिर पड़ती है। उस धब्बे को देखकर लगता है कि वो गुलाबी होने का ढोंग कर रही है। मैं उसमें चाय और महँगे बिस्कुट लाकर रख देता हूँ। तुम्हें पता है महँगे बिस्कुट चाय में डुबोने के बाद टूटते नहीं हैं। वो बेस्वाद, जैसे चाय में जाते हैं वैसे ही मुँह तक चले आते हैं। उन्हें मेरी तरह जनवरी के महीने में टूटकर गिर जाना नहीं आता है।

माँ छोटी होती जा रही थीं

माँ छोटी होती जा रही थीं।
मैं डर गया, मुझे लगा
कहीं वो अपना होना हमारे जीवन से समेटती तो नहीं जा रहीं?
"माँ आप क्यों छोटी होती जा रही हो?" मैंने पूछा।
तो उन्होंने जवाब अपने पैदा होने की घटना से शुरू किया।
उनके पैदा होने से उनके यहाँ तक पहुँचने की यात्रा
मुझे ऐसी सुनाई दे रही थी मानो
मैं मंगल ग्रह के बने घर की बालकनी में बैठे हुए
पृथ्वी के बनने की प्रक्रिया देख रहा हूँ।
उनका जीवन दूसरे लिखते रहे
और वो किसी अच्छे विद्यार्थी-सा उसे चुपचाप जीती रहीं।
"पर अब मैं लोगों को कहती हूँ कि किसी की मत सुनो।" उन्होंने मुस्कुराते हुए कहा।
उनके छोटे होने में उनकी मुस्कुराहट वही थी।
वो शायद इसलिए छोटी होती जा रही थीं क्योंकि
वो मेरी चिंता में सबकी चिंता दूर करने का भार उठाए रहती थीं।
दूर जाकर किसी को ख़ुशी देने में वो कहती कि

देख मैं तेरी तरह अकेले घूमने लगी हूँ।
मैं कहता कि
मुझे आपसे 'देना' सीखना है
आप ख़ुशी देती हैं
मैं बस ख़ुशी बटोरता हूँ
आप मंगल ग्रह पर नाचती हुईं
छोटी होती जा रही हैं
और मैं पृथ्वी के अपनी धुरी पर घूमने में
ग़ायब।

नया-पुराना

नए शहरों की सुबह में, तुम्हारा आँखें खोलना मुझे बहुत याद आता है। तुम नए शहर के पराएपन को इतने अपनेपन से देखती थीं कि कभी-कभी लगता कि नए देखने की ललक से भरी हुई तुम्हारी आँखें कैसे अब तक मुझे सहती आ रही हैं। मैं भी बदलना चाहता था लेकिन मेरे बदलते ही नए शहरों में तुम्हारी आँखों के खुलने में थकान नज़र आती। मुझसे तुम्हारी आँखों की थकान कभी बर्दाश्त नहीं हुई सो मैं अपना बदलना टालता रहा। मैं जानता था कि नया देखने की ललक से भरी तुम्हारी आँखों के सामने मैं अदृश्य होता जा रहा था। लेकिन पराए बिस्तर पर तुम्हारी आँखों को खुलते हुए देखने का नशा मैं छोड़ नहीं पा रहा था। फिर एक दिन मैं ग़ायब हो गया।

अब जब हम कभी टकराते हैं तो ऐसे बात करते हैं मानो बहुत वक़्त के बाद पहली बार मिले हों। तुम मेरे बदलने में अपनापन खोज रही होती हो और मैं अपना बदलना बचाने में तुम्हारे सामने नए होने के सारे सबूत मिटाता जाता हूँ।

तितली के लिखने और काफ़्का के मिलने में

लैंडोर की ठंड में मैं अधिकतर लंबा टहलने निकल जाता था। चलते रहने से कहीं नहीं पहुँच पाने की हार मुझसे अपनी दूरी बनाए रखती थी। अपने को इस तरह बहलाने में कुछ देर के लिए सच में मुझे लगने लगता कि मैं कुछ ही देर में शायद कहीं पहुँच जाऊँगा। जब अपने कमरे के ख़ालीपन में वापस लौटकर आता तो मेरी डेस्क पर बिखरा पड़ा मेरा लिखा अपने अधूरेपन की चुप्पी लिए मुझे ताकता मिलता और पता चलता कि मैं कहीं भी नहीं पहुँचा हूँ। जैसे मैं एक ही पहाड़ पर बस गोल-गोल घूम रहा था, वैसे ही मैं अपने लिखे कुछ वाक्यों के विन्यास में अटका पड़ा था।

एक ही जगह गोल-गोल घूमने में मैंने एक दिन अपने पीछे किसी की आहट सुनी। सुबह पौ फटने का वक़्त था और देवदार का जंगल कोहरे की चादर ओढ़े आधी नींद में डोलता नज़र आ रहा था। मैंने पलटकर देखा तो एक तीन टाँग का छोटा-सा कुत्ता सड़क के बीचो-बीच रुका पड़ा था और मुझे ऐसे देख रहा था जैसे मैं अपने अधूरे लेखन को देखता हूँ। मुझे नहीं पता कि उस वक़्त किसे किसकी ज़्यादा ज़रूरत थी। मैं पलट गया और वापस चलना शुरू किया। वो भी मेरे क़दम से क़दम मिलाकर मेरे पीछे-पीछे चलने लगा। मैं रुका तो वो भी रुक गया। तीन टाँगों की वजह से उसके चलने में उसकी पूरी ताक़त लग रही थी। पर वो मेरे हर क़दम पर चलने लगता और हर रुकने पर चुपचाप मुझे ताकता रहता। उसके कान उसके चेहरे की अपेक्षा ज़्यादा लंबे थे। साँस लेने में उसका मुँह ऐसे

खुला रहता मानो वो मुस्कुरा रहा हो। इन छोटी बातों में ही मैं उसके प्रति एक ज़िम्मेदारी महसूस करने लगा। मैं नहीं चाहता था कि कोई भी मेरे साथ चले। क्योंकि मैं कहाँ जा रहा हूँ इसका जवाब मैं ख़ुद अपने-आप को आज तक नहीं दे पाया तो किसी और को कैसे समझा सकता था?

कोहरा थोड़ा छट गया था। एक धूप का टुकड़ा मुझे एक पत्थर पर थरथराता हुआ दिखा। मैं तुरंत उस पत्थर पर जाकर बैठ गया। वो कुत्ता तीन टाँगों से उचकता हुआ ठीक मेरे पैरों के पास आकर पसर गया।

"अरे तुम आगे जाओ, मैं यहाँ कुछ देर बैठूँगा।" मैंने उससे कहा, उसने मुझे देखा और मुँह मोड़ लिया। उसने मेरा झूठ सूँघ लिया था।

"ओए, काफ़्का।"

मेरे मुँह से काफ़्का निकलने की वजह शायद यह थी कि कल रात मैं देर तक काफ़्का की कहानी A Hunger Artist के पन्ने पलट रहा था। काफ़्का का नाम सुनते ही वो तुरंत मेरे सामने ऐसे खड़ा हो गया मानो किसी ने पहली बार उसके नाम से उसे पुकारा हो। मुझे हँसी आ गई।

"काफ़्का नाम है तुम्हारा? तुम्हें पता है वो कितने बड़े चचा थे?"

वो अपनी तीन टाँगों पर उछलने लगा। मैंने उसके चेहरे पर हाथ फेरा। इतना ख़ुश कुत्ता मैंने पहले कभी नहीं देखा था। ये ख़ुश काफ़्का था। मेरे चेहरे पर भी मुस्कुराहट दौड़ गई। बहुत दिनों बाद मुस्कुराने से चेहरे पर हुए परिवर्तनों ने मुझे असहज कर दिया। मुझे लगा कि सहजता से मुस्कुरा देने का हुनर मैं खो चुका हूँ। मैं तुरंत वहाँ से उठ गया। काफ़्का भी मेरे पीछे हो लिया। मैंने उससे कहा कि भई मैं वो आदमी नहीं हूँ जिसके साथ चला जा सकता है, तुम जाओ, पर वो नहीं माना। सो मैंने कुछ ही देर में दौड़ना शुरू कर दिया। मुझे पता था कि काफ़्का दौड़ नहीं पाएगा। मैंने पीछे पलटकर देखा तो वो अपनी पूरी क्षमता से उछल-उछलकर दौड़ने की कोशिश कर रहा था। मैं जानता था इस तरह वो कुछ ही देर में थक

जाएगा। मैंने अपने दौड़ने की रफ़्तार बढ़ा दी। आगे के दो मोड़ मुड़ते ही मुझे उसकी आहट आना बंद हो गई। मैंने कुछ ज़्यादा ही तेज़ दौड़ लगा दी थी। हाँफते-हाँफते मेरा बुरा हाल हो गया था। मेरे हाथ मेरे घुटनों पर थे और साँसें खींचने की आवाज़ पूरे पहाड़ों में गूँज रही थी। मैं रेंगते हुए बग़ल में पड़े पत्थर के पास चला गया और उसपर बैठने के बजाय नीचे ज़मीन पर बैठा और उस पत्थर से टेक लगा दी। तभी मुझे मेरी तरफ़ दौड़ता हुआ काफ़्का नज़र आया। वो आगे की एक टाँग से उछलता हुआ सीधा मेरी गोद में आकर गिर पड़ा। काफ़्का के लिए, मेरा उससे भागना एक खेल था और वापस मुझ तक पहुँचकर वो इस खेल में जीत गया था। मैं उसे अपने दोनों हाथों से सहलाने लगा। वो ज़मीन पर अपनी पीठ रगड़ते हुए जीत का जश्न मनाने लगा। मेरे हाथ उसके पेट, गले, सिर और हर जगह पर हरकत करने लगे। मैं ख़ुद को कोसने लगा। इतना क्यों बचना चाहता हूँ मैं सबसे? लोगों को तो समझाया जा सकता है पर इस मूक जानवर के साथ मैं क्यों ऐसे पेश आ रहा हूँ।

"Sorry काफ़्का माफ़ कर दो। मैं पागल हूँ। मुझे ख़ुद नहीं पता होता कि मैं क्या कर रहा होता हूँ।"

तभी मैंने देखा काफ़्का सचेत हो गया। उसकी दुम उसके पैरों में घुस गई और वो मेरे पीछे दुबक गया। दोनों तरफ़ से तीन-चार कुत्ते भौंकते हुए काफ़्का की तरफ़ बढ़ रहे थे। मैं नहीं जानता था कि इस स्थिति का सामना कैसे करना होता है। मैंने काफ़्का को देखा तो वो मुझे ऐसे देख रहा था मानो कह रहा हो- दोस्त कुछ करो। मैंने अपने अगल-बग़ल से कुछ पत्थर उठाए और सारे कुत्तों की तरफ़ हवा में झूठ-झूठ मारे कि उन्हें डरा सकूँ। वो सारे कुत्ते डर के मारे पीछे की तरफ़ हो गए। मैंने उस पत्थर के पीछे दिख रही लकड़ी को उठाया और उन कुत्तों की तरफ़ ऐसे घुमाया मानो ये मेरे रोज़ का काम हो। कुत्ते मेरे अभिनय से डर कर छितर गए।

मैंने काफ़्का को इशारा किया चलने का। काफ़्का ने मेरे हाथों में छड़ी की हरकत देखी और तुरंत वो बाक़ी कुत्तों पर भौंकने लगा।

"बस हो गया काफ़्का, वो तुम्हारे पिता नहीं हैं। तुम्हें उनसे डरने की कोई ज़रूरत नहीं है।"

मुझे अपने ही जोक पर हँसी आने लगी। काफ़्का चुपचाप मेरे पीछे हो लिया। हम दोनों लैंडोर की चाय दुकान पर गए। मैंने एक चाय पी और काफ़्का ने एक बिस्किट का पैकेट खाया और हम दोनों उछलते-कूदते वापस अपने कमरे की तरफ़ बढ़ गए। किसी अजनबी का कुछ देर का ही साथ कितना कमाल होता है। मैं अपने भीतर इतनी ज़्यादा ख़ुशी का संचार महसूस कर सकता था, मुझे ख़ुद पर यक़ीन नहीं हो रहा था कि क्या मैं ऐसे भी बेवजह ख़ुश हो सकता हूँ? नहीं, वजह था काफ़्का। काफ़्का काफ़ी है। इतनी ही ख़ुशी बहुत ख़ुशी है। इस वक़्त जैसे काफ़्का अपनी तीन टाँगों के साथ सहज था, वैसे ही मैं अपने अकेलेपन में।

अपने कमरे के क़रीब पहुँचकर हम दोनों ने एक-दूसरे को सहलाया।

"मेरे काफ़्का, क्या कल सुबह मिलोगे?"

मेरे कहते ही मुझे एक तितली काफ़्का के सिर पर मँडराती हुई दिखी। इतनी ख़ूबसूरत तितली मैंने पहले कभी नहीं देखी थी। तभी काफ़्का उछला। उसे पेड़ों पर बंदरों की हरकत नज़र आ गई थी। मैं काफ़्का को छोड़ना नहीं चाहता था। पर अब उसपर मेरा वश नहीं था। वो तुरंत मेरे पास से छिटका और उन बंदरों के पीछे भाग लिया। उसके जाते ही तितली मेरे दाएँ कंधे के पास आई, मानो मुझे क़रीब से देखना चाहती हो। फिर वो सड़क के दूसरी तरफ़ उग रहे फूलों के पास जाकर मँडराने लगी। मैं उस तितली के प्रति बेहद आकर्षण महसूस कर रहा था।

काफ़्का एक पेड़ से दूसरे पेड़ पर उछलते हुए बंदरों के पीछे भाग रहा था और मैं एक फूल से दूसरे फूल पर भागती तितली के पीछे।

सफ़दर अगर बूढ़े होते तो वो शमशेर हो जाते

छोटे शहर में एक नाटककार हुआ करता था। मैं जब स्कूल में था तो पहली बार मैंने उसे हमारे स्कूल के प्रांगण में 'मातादीन चाँद पर' नाम का नुक्कड़ नाटक करते देखा था। मेरे लिए ये नाटक देखने का पहला अनुभव था। मुझे याद है सूरज अपनी पूरी क्रूरता पर था। स्कूल के मैदान में धूल से सनी गर्म हवाएँ चल रही थीं और कुछ बीस-पच्चीस लोगों के बीच वो नाटककार उछल-उछलकर मातादीन बना हुआ था। उसका वो दुबला-पतला लंबा क़द जिस पर खादी का कुर्ता ऐसा पड़ा हुआ था मानो किसी ने तेज़ हवा में उस कुर्ते को हेंगर पर सुखाने डाला हो, उसपर नीली जींस और मटमैला झोला मैं कभी भूल नहीं सकता हूँ। वो नाटककार बार-बार अपना चश्मा ठीक करते हुए उछल-उछलकर लोगों तक अपनी बात पहुँचा रहा था। हर कुछ वाक्यों के बाद उन्हें हँसा रहा था। मैं मंत्रमुग्ध-सा कभी उस नाटककार को देखता तो कभी वहाँ खड़े हुए लोगों को। इस दोपहर में किसी को गर्मी नहीं लग रही थी। धूल उड़ने से भी किसी को कोई समस्या नहीं थी। हर आदमी मातादीन की कहानी में फँसा हुआ था। क्या रास्ते पर भरी दोपहर में ऐसे कहानियाँ सुनाई जा सकती हैं? मेरे लिए ये चमत्कार से कम नहीं था।

अब मैं उस नाटककार का चेहरा याद करने की कोशिश करता हूँ तो

सफ़दर हाशमी का चेहरा आँखों के सामने चला आता है। हमारे अतीत के चित्र ऐसे आपस में घुल-मिल जाते हैं कि एक से दूसरे को अलग करने पर अपने ही जिए हुए पर शक होने लगता है।

छोटे शहरों के नाटककारों का क्या होता है? मैं सोचने लगा। वो शायद बहुत बूढ़े हो चुके होंगे, बुढ़ापे में क्या करते होंगे? इस तेज़ बदलती दुनिया में क्या वो अभी भी नाटक कर रहे होंगे? क्या एक हाथ में मोबाइल लिए वो धूल भरी सड़क पर खड़े हुए किसी नए नाटक का प्रयोग कर रहे होंगे?

मेरे भीतर उनसे मिलने की इच्छा सालो-साल कुलबुलाती रही थी। इच्छा होती कि एक दिन अपने काम से छुट्टी लेकर उस छोटे गाँव निकल जाऊँ। उनके साथ कुछ दिन रहकर उनसे नाटकों पर बात करूँ, उनके नए प्रयोग देखूँ। पर ऐसी इच्छाएँ महफ़िलों में दोस्तों से बात करते हुए उठतीं और सुबह मैं सब भूल जाता। फिर एक दिन संयोग हुआ कि मैंने ख़ुद को अपनी बिखरी यात्राओं के बीच उस छोटे शहर से गुज़रता हुआ पाया। मैं पहाड़ों से निकल रहा था और तराई शहर के एक एयरपोर्ट पर अपनी फ़्लाइट पकड़ने जा रहा था। बीच में मेरा ये छोटा गाँव जो अब एक छोटा शहर हो चुका था, पड़ने वाला था। जैसे ही मुझे पता चला कि मैं अपने शहर से होकर जाऊँगा तो मैंने ख़ुद को बहुत ही अटपटी-सी स्थिति में पाया। मैं नहीं चाहता था कि मेरा शहर यूँ ही मुझे बीच में पड़ा मिले। मैं बाक़ायदा सिर्फ़ उसी से एक दिन मिलना चाहता था। पर अब ज़ब मैं यहाँ से गुज़र रहा हूँ तो मैं यूँ ही गुज़र भी नहीं सकता था। मुझे अचानक हनुमान टेकड़ी के पास की चाय की गुमटी याद हो आई और मैंने अपने ड्राइवर को कहा कि सुनो शहर के अंदर ले चलो, हम एक चाय पीकर निकलेंगे। ड्राइवर ने मुँह बनाया फिर एक बार अपनी घड़ी की तरफ़ देखा और हाइवे छोड़कर वह छोटी सड़क से होता हुआ मेरे छोटे-से शहर में

प्रवेश कर गया।

ये कभी मेरा छोटा-सा गाँव हुआ करता था। शहर हो जाने की ललक में गाँव के सारे निशान मिट चुके थे। हनुमान टेकड़ी पर चाय पीते हुए मुझसे रहा नहीं गया और मैंने उस नाटककार की पूछताछ शुरू कर दी। कुछ ही देर में मुझे पता चला कि वे ज़िंदा हैं और एक मंदिर के पीछे वाले कमरे में अकेले रहते हैं। मैं उस वीरान से मंदिर को जानता था। मैंने वक़्त देखा। अगर मैं दस मिनट के लिए उनसे मिलूँ तो भी मैं आराम से अपनी फ़्लाइट पकड़ सकता था। मैंने तुरंत चाय ख़त्म की और ड्राइवर से मंदिर तक चलने के लिए कहा। ड्राइवर का चेहरा देखकर मुझे लगा कि अगर मैंने मंदिर नहीं कहा होता तो शायद वह साफ़ मना कर देता।

जब हम उस वीराने मंदिर के पास पहुँचे तो देखा वहाँ आसपास कुछ भी वीराना नहीं रह गया था। वो छोटा गाँव जो शहर होने की इच्छा से सब तरफ़ फैल गया था। मैं जब भी इस गाँव के बारे में सोचा करता था तो मुझे ठंड की शांत सुबहें याद आती थीं। कोहरा, ताँगा, भाप से भरी हुई चाय की टपरी जिसमें दुबके लोग अपनी चाय की चुस्की लेते हुए देश की परिस्थितियों पर चर्चा कर रहे होते थे। पर इस वक़्त मुझे बस भीड़ दिख रही थी। जिस भीड़ पर देश की परिस्थिति अपना ऐसा असर छोड़ चुकी थी कि वो भीड़ फ़ोन में घुसी हुई, अजीब-सी ख़ुमारी में नज़र आ रही थी।

मैं मंदिर के पीछे की तरफ़ गया। एक मटमैला-सा छोटा दरवाज़ा दिखा जो खुला रहे कि बंद हो जाए के बीच कहीं फँसा पड़ा था। पास में ही कहीं हैंडपंप की आवाज़ आ रही थी। मैंने झाँका तो देखा एक बूढ़ा आदमी बनियान और गमछा लपेटे दो जोड़ी कपड़े धो रहा है। मैंने उन्हें पुकारना चाहा पर तभी याद आया कि मैं इस नाटककार का नाम तो भूल चुका हूँ, क्या मैं इन्हें सफ़दर कहकर पुकार सकता हूँ ?

"मैं पुजारी नहीं हूँ, वो होगा वहीं मंदिर में कहीं।" उनकी आवाज़ आई।

उन्हें पता चल गया था कि उनके पीछे मैं खड़ा हूँ। जब मैं उनके कहने पर हिला भी नहीं तो उन्होंने मुझे मुड़कर देखा। मैं मुस्कुरा दिया। वह वापस कपड़े धोने में व्यस्त हो गए। उनका चेहरा कवि शमशेर बहादुर सिंह जैसा लग रहा था। मैंने सोचा अगर सफ़दर बूढ़े होते तो क्या वो शमशेर जैसे दिखने लगते?

"मैं आपसे ही मिलने आया हूँ।" मैंने कहा।

उनका कपड़े धोना बंद हुआ और वह कुछ देर मुझे देखते रहे फिर अचानक खड़े हो गए। फिर वो मेरे पास आए मगर मुझे पहचान नहीं पाए। कैसे पहचानते? मैं बहुत छोटा था और मैं बस इनके आगे-पीछे भागता रहता था।

"अंदर आ जाओ, चाय बनाता हूँ तुम्हारे लिए।"

उन्होंने अपने शरीर से लिपटे गमछे से अपने हाथ पोंछे और उस छोटे मटमैले दरवाज़े के भीतर प्रवेश कर गए। मैंने तुरंत घड़ी देखी। चाय तक का समय नहीं था मेरे पास। पर इन सफ़दर से शमशेर हो चुके नाटककार को मैं चाय के लिए मना नहीं कर सकता था। मैंने सोचा मैं ड्राइवर को कहूँगा थोड़ा तेज़ गाड़ी चलाए, फ़्लाइट नहीं छूटेगी।

जब मैंने उनके छोटे गुफानुमा कमरे में प्रवेश किया तो वो स्टोव जलाने की मशक़्क़त कर रहे थे। स्टोव के जलते ही उसकी आवाज़ पूरे कमरे में गूँजने लगी। उन्होंने चाय का पतीला लिया जिसमें पहले ही पुरानी बनी चाय के गहरे निशान थे। उसमें रखी पुरानी चाय की पत्ती को उन्होंने फेंका और उसमें दो कप पानी चढ़ाकर मेरे बग़ल में बैठ गए। स्टोव की गड़गड़ाहट के बीच मैंने उनसे पूछा "अब आप थिएटर करते हैं?"

वह हँसने लगे। उनके दाँत पीले पड़ चुके थे। सफ़ेद दाढ़ी के ठूँठ

उनके ताँबई चेहरे पर चमक रहे थे।

"हम पुराने पड़ गए हैं, अब क्या थिएटर! और कौन देखना चाहता है नाटक!"

"जाने कितने लोगों ने आपकी ही वजह से थिएटर शुरू किया था! 'मातादीन चाँद पे', 'अंधों का हाथी' आप क्या ख़ूब करते थे!"

वह चुप हो गए। कुछ देर में वह वापस स्टोव के पास गए। उबलते पानी में शक्कर, चाय की पत्ती डाली। मैं कहना चाहता था कि शक्कर कम रखना, पर तब तक वह शक्कर डाल चुके थे। फिर उन्होंने अदरक कूटी। अदरक के साथ-साथ उन्होंने दूध भी डाल दिया।

"तुम करते हो थिएटर?" उन्होंने पूछा।

"हाँ, कुछ प्रयोग करता रहता हूँ।"

"लोग आते हैं?"

"हाँ, आजकल तो दर्शकों की तादाद बहुत बढ़ गई है।"

"और सरकार? उनके ख़िलाफ़ आवाज़ उठाते हो नाटकों के ज़रिए?"

मैं चुप हो गया। मैं कहना चाहता था कि अब सफ़दर नहीं पैदा होते, अब कोई देश की नीतियों के ख़िलाफ़ बात नहीं सुनना चाहता है। सब अजीब ख़ुमारी में हैं, देश, धर्म, राजनीति सब एक हो गया है। आप किसी भी एक के ख़िलाफ़ कुछ बोलते हैं तो लोग समझते हैं कि आप तीनों के ख़िलाफ़ बात कर रहे हैं। हम बस एक-दूसरे की तारीफ़ करने में लगे हुए हैं। महान देश, महान लोग, महान सब कुछ।

"हम कहानियों तक ही सीमित रहते हैं, उसके ज़रिए जितना कह पाते हैं कहते हैं।"

"ये अच्छी बात है कि लोग नाटक देखने आते हैं क्योंकि मैं तो जहाँ जाता हूँ सारे लोगों का सिर मोबाइल में घुसा हुआ दिखता है मुझे। पता नहीं क्या देखते रहते हैं!"

बहुत उबलने के बाद जब चाय का रंग कत्थई हो गया तो उन्होंने पुराने पड़ गए कपों में चाय छानी। फिर पीले पड़ गए प्लास्टिक के डिब्बे से बिस्कुट निकाले और एक प्लेट में रखकर उठ खड़े हुए।

"आओ, बाहर बैठते हैं।" उन्होंने कहा।

हम दोनों बाहर एक पत्थर की सिल्ली पर बैठ गए। हम दोनों के बीच बिस्कुट की प्लेट रखी हुई थी। चाय बहुत मीठी थी। मैं यूँ मीठी चाय नहीं पी पाता हूँ पर इस वक़्त इस मीठी चाय का स्वाद बुरा नहीं लग रहा था। मैंने चोरी से घड़ी देखी। मुझे अब निकलना चाहिए था।

"जब मैं अपनी संस्था के लिए नाटक करता था" उन्होंने कहा, "तब लगता था दुनिया को बस हम लोग ही समझते हैं। एक तरीक़े का तुर्रा था कि गाँव-गाँव जाकर सबको ये खेल दिखाएँगे और इससे ज़मीनी स्तर पर बदलाव होगा, पर क्या ख़बर थी कि दुनिया में बदलाव का एक सैलाब आने वाला है। कुछ ही सालों में सारी दुनिया एक हो गई। हर आदमी के हाथों में बड़े-बड़े फ़ोन आ गए और उनकी आँखें उन फ़ोन की चौंधिया देने वाली रोशनी में गुम हो गईं। इस बदलाव में हमारी कही बातें दादी-नानी के क़िस्सों-सी सुनाई देने लगी थीं।"

तभी सौंधी-सी हवा बहने लगी। उस हवा के साथ एक ख़ुशबू आई। मैं इस ख़ुशबू को पहचानता था। मैं इसे जानता था। ये मेरे गाँव की ख़ुशबू थी। हाथ में रखी मीठी चाय और आधे टूटे हुए बिस्कुट के साथ मुझे पहली बार लगा कि मैं अपने गाँव में बैठा हूँ।

"आजकल मैं सोचता हूँ कि क्या बूढ़े होने पर मुझे दुनिया भी बूढ़ी दिखाई दे रही है? या आँखें सारे नए में, बस बीते हुए के अवशेषों को टटोलती रहती हैं? क्या देर तक बचे रह जाना त्रासदी है? क्या 'वो अपने समय से ज़्यादा रह गया' के बजाय 'वो समय से पहले चला गया' बेहतर

होता ? जब मैं कहीं जाता हूँ तो मुझे लाठी का सहारा लेना पड़ता है। हाथ में पड़ी लाठी को जीवन जीने की लालसा जकड़े रहती है। कितनी देर तक मृत्यु को लाठी के डर से दूर रखा जा सकता है ?"

मैंने उन्हें देखा तो लगा कि वह सच में बहुत बूढ़े हो चले हैं। उन्होंने चाय का कप प्लेट के पास रखा और भीतर जाकर बीड़ी का पैकेट ले आए। उन्होंने बीड़ी का एक लंबा कश लिया और वापस अपनी चाय का कप उठा लिया।

"मुझे अब मेरा जीवन ही एक नाटक-सा लगता है। वो नाटक जो ख़त्म होने के बाद भी अपने आख़िरी फ़ेडआउट को टालता रहता है और दर्शक मृत्यु के अंतिम अँधेरे का इंतज़ार करते-करते उबासियाँ भर रहे होते हैं। कुछ नाटकों का ख़त्म होना क्यों रह जाता है ? शायद प्रथम दृश्य में जो सवाल थे उनके जवाब अंतिम दृश्य में लटके पड़े रह गए थे। शायद दूसरे दृश्य की अभिनेत्री जो स्टेज राइट से प्रस्थान कर गई थी उसका वापस आना रह गया था। अधूरे नाटकों का अंतिम फ़ेडआउट कैसा होता होगा ?"

मुझे अचानक लगा कि मैं किसी नाटक का एक दृश्य देख रहा हूँ। एक बूढ़ा क़ाबिल अभिनेता नाटक का आख़िरी दृश्य खेल रहा है। तभी मैंने घड़ी देखी और तुरंत चाय का कप रखकर खड़ा हो गया।

"मेरी फ़्लाइट छूट जाएगी।" मैंने कहा।

"तुम जा रहे हो ? मैंने तुम्हारे बारे में तो पूछा ही नहीं। रुको, मैं आता हूँ।"

वह भीतर गए। तभी देखा ड्राइवर मुझे खोजता हुआ चला आया।

"मैं आपको कब से फ़ोन कर रहा था, फ़्लाइट छूट जाएगी, निकलते हैं।" उसने कहा।

"तुम चलो, मैं बस अभी आता हूँ।"

"जल्दी चलिए, मुझे लगा कि आप मंदिर में दर्शन करना चाहते हैं, आप तो... ?"

"मैं नास्तिक हूँ।"

"तब तो समझो फ़्लाइट छूट गई।"

"तुम गाड़ी चालू करो, मैं आता हूँ।"

ड्राइवर चला गया पर वह बाहर आने का नाम नहीं ले रहे थे। मैं उनके दरवाज़े के पास गया तभी वह प्रकट हुए। जींस की पुरानी पैंट, कुर्ता और झोला लिए, बस एक ही नई चीज़ उनके हाथों में थी, वो थी छड़ी।

"मुझे जाते हुए स्कूल तक छोड़ देना।" उन्होंने कहा।

"शाम को स्कूल?"

"बच्चों के साथ एक नया नाटक तैयार कर रहा हूँ, उनके वार्षिक उत्सव के लिए।"

वह अचानक ठहाका मारकर हँसने लगे। मैं इस हँसी को पहचानता था। ये नाटकवालों की हँसी थी। खुली, मुक्त, बेबाक। मैं उनकी तरह हँसना चाहता था पर मैं उनके सामने झेंप गया था। मुझे याद आया जब बचपन में मैं उनके आगे-पीछे घूमा करता था तो उनकी हँसी की ख़ूब नक़ल उतराता था। मुझे उनके जैसा हँसने का अभिनय आता था। पर वो अभिनय ही था। ठीक वैसी हँसी मैं कभी हँस नहीं पाया था। मैं बस उनके सामने मुस्कुरा दिया।

"तो आप अभी भी नाटक कर रहे हैं?" मैंने पूछा।

"मैं चाहता हूँ कि तुम एक रिहर्सल देख लो फिर उस नाटक पर बात करेंगे। मैंने उस नाटक को कुछ इस तरह बनाया है कि लगता है हम शेर और हाथी की बातें कर रहे हैं। पर असल में पूरा नाटक इस समाज और

इस देश की समस्या पर है। बच्चे ही भविष्य हैं, उन्हीं के भीतर आपसी प्रेम के बीज डालना ज़रूरी है। क्योंकि सारे बड़े लोग तो पगला गए हैं।"

अचानक मुझे उनके बूढ़े होते चेहरे में वही युवा, दुबला-पतला नाटककार नज़र आया जिसे मैंने पहली बार अपने स्कूल के प्रांगण में 'मातादीन चाँद पर' में मातादीन के रूप में देखा था। वह अचानक अपनी उम्र से बहुत कम लगने लगे थे। नाटक पर बात करते हुए उनके शरीर में एक तरह की ऊर्जा भर गई थी। पूरे रास्ते वह अपने नए नाटक की चर्चा करते रहे। स्कूल पहुँचते ही बच्चे उन्हें देखते ही खड़े हो गए थे। मेरी इतनी इच्छा हुई कि उस नाटक की रिहर्सल देखूँ, उनकी और बातें सुनूँ, एक मीठी चाय और पी लूँ, पर मैं वहाँ अब एक सैकेंड भी नहीं रुक सकता था। मैंने जल्दी में उनसे विदा ली और वहाँ से निकल गया।

भागते-दौड़ते एयरपोर्ट पहुँचा। एयरपोर्ट के भीतर दाख़िल होते ही पता चला कि मेरी फ़्लाइट जा चुकी है। जब मैं अपने सामान के साथ एयरपोर्ट पर बैठा था तो लगा ये मेरी ज़िंदगी है। जहाँ मैं रुक जाना चाहता था वहाँ रुका नहीं और जल्दबाज़ी में जहाँ पहुँचना चाहता था वहाँ की फ़्लाइट छूट चुकी थी। मैंने सोचा, क्या मेरी फ़्लाइट इसलिए छूटी क्योंकि मैं नास्तिक हूँ? ये सोचते ही मुझे ज़ोर से हँसी आ गई। मैं हँसते-हँसते अचानक ख़ुश हो गया, ये तो बिल्कुल उनके जैसी हँसी थी, मेरे नाटककार जैसी हँसी। मैं अभिनय नहीं कर रहा था, ये मुक्त हँसी, खुली हुई, बिना झिझक वाली कैसे मेरे भीतर से फूट रही थी इसका मुझे कोई अंदाज़ा नहीं था। मैं चाहता था कि मेरा हँसना बंद न हो। मैं कितना उनकी तरह हो जाना चाहता था। हँसी के ख़त्म होते-होते, मेरे भीतर से फ़्लाइट के छूट जाने का दुख, बहुत धीरे-धीरे पिघलने लगा था।

नए उपन्यास की शुरुआत की काल्पनिक कथा

"हम घर से रोज़ नया जीने निकलते हैं
और थोड़े पुराने होकर
घर में वापस दाख़िल हो जाते हैं।" मैंने कहा।

"ये तुम कमरे से निकलते ही कह रहे हो?" उसने कहा।

"मुझे लगता है कि हम कुछ देर और बिस्तर में रह सकते थे।" मैंने कहा।

"मुझे बाहर निकलकर चाय पीने की इच्छा है।"

"और मैं इस दुनिया की सबसे अच्छी चाय बनाता हूँ।"

वह मुझे देखकर मुस्कुराने लगी।

हम पहाड़ों के अपने छोटे-से कमरे से निकलकर सड़क पर चलने लगे थे। अक्टूबर की ठंड में सूरज की तेज़ तपिश शरीर पर बहुत ही अच्छी लग रही थी। मैं पहले ही बाहर क्यों नहीं निकल आया था, मैं सोचने लगा। सड़क के दोनों तरफ़ ख़ूबसूरत ऊँचे पहाड़ थे। जिस टपरी पर हमने कल शाम को चाय पी थी, वहाँ पहुँचे तो पता चला वो दुकान तो बंद है।

"मैंने आगे भी एक दुकान देखी थी।" मैंने कहा।

"कितनी दूर है? मैं बहुत चलना नहीं चाहती हूँ।"

"अब तुमने दुनिया की सबसे अच्छी चाय को पीठ दिखाई है इसका

ख़ामियाज़ा तो भुगतना पड़ेगा!"

मुझे पता नहीं था कि आगे चाय की दुकान थी भी या नहीं। पर जब मैंने कह ही दिया था तो हम दोनों आगे की तरफ़ निकल पड़े।

"तो हुई नई शुरुआत?" उसने चलते हुए पूछा।

"मैं कभी इस मिस्ट्री को समझ नहीं पाया कि नया लेखन शुरू कैसे होता है? वो कौन-से पहले चित्र होते हैं जिन्हें कह देना होता है बिना ये जाने कि असल में ये चित्र अपने कहे में एक पूरी किताब छुपाए बैठे हैं।"

"मैं तुम्हारी इस नई शुरुआत के चक्कर में पहाड़ों पर इतना चल चुकी हूँ कि मेरी पिंडलियाँ अपने दुख की दास्तान मुझे सुना रही हैं।"

"तुम जानती हो न मुझे तुम्हारे साथ चलते रहने में मज़ा आता है। कई बार यूँ ही टहलते हुए तुमसे बातें करने में मुझे वो शुरुआती वाक्य दिखने लगते हैं और मैं भीतर गुदगुदी महसूस करने लगता हूँ। पर जैसे ही उसे लिखने बैठता हूँ भटक जाता हूँ!"

"सुनो, अगर अगले मोड़ पर चाय की दुकान नहीं दिखी तो हम वापस चल देंगे।"

"अगले मोड़ पर ही है दुकान... सच में।"

मुझे नहीं पता था कि अगले मोड़ पर दुकान है या नहीं, पर मैं थोड़ा और चलना चाहता था। मुझे मेरी किताब की शुरुआत दिखने लगी थी।

"जब मैंने Metamorphosis (काफ़्का की कहानी) पढ़ी थी तो उसकी पहली लाइन पर ही मैं फ़िदा हो गई थी... तुम्हें याद है?"

मैं सोचने लगा...

"Something... he woke up and found himself... like a lizard."

"Nooooo... लाइन ये थी... As Gregor Samsa woke one morning from uneasy dreams, he found himself transformed into some kind of monstrous vermin. मतलब कोई कैसे ऐसी लाइन से किसी कहानी की शुरुआत कर सकता है। मैं जाने कितनी बार ये कहानी पूरी पढ़ गई थी जबकि हर बार मैं असल में बस इसका शुरुआती वाक्य ही पढ़ना चाहती थी। पर ऐसी शुरुआत पढ़कर आप कहानी को यूँ छोड़ नहीं सकते हो। मैं हर बार पूरी कहानी वापस पढ़ जाती हूँ।"

"ऐसे ही कहानियों की वजह से हम जैसे लेखकों को शुरुआत करने में इतनी मेहनत करनी पड़ती है।"

"तुम्हें क्या लगता है, काफ़्का ने मेहनत नहीं की होगी?"

"मैं ये क़तई नहीं कह रहा।"

"और दूसरी किताब..."

"कौन-सी?"

"जिसकी वजह से हम पहली बार मिले थे और पूरी शाम पहली कॉफ़ी पर बतियाते रहे थे।"

"ओ... कामू?"

"The Stranger, या Outsider... उसकी पहली लाइन याद है?" उसने पूछा।

"मेरी याद्दाश्त इतनी अच्छी तो है नहीं... पर कुछ ऐसी थी... My mother died today or yesterday..."

"Noooooo.... लाइन थी... Mother died today. Or maybe it was yesterday, I don't know. कामू ने क्या सोचकर इतना गहरा वाक्य लिखा होगा? और किताब इस वाक्य का साथ अंत तक नहीं छोड़ती है, मज़े की बात तो ये है।"

"तुम्हें जिस तरह सारी अच्छी किताबों के पहले वाक्य रटे हुए हैं उसी चक्कर में मैं जो भी पहला वाक्य लिखता हूँ तो सोचता हूँ तुम्हें कैसा

लगेगा? ये प्रैशर बहुत बड़ा है।"

"अरे-अरे, अपने नहीं लिखने को मेरे सिर पर मत डालो। मैं यहाँ बस आराम करने आई हूँ और तुम्हारे लिखने के कारण मुझे इतना चलना पड़ रहा है। ओ, वो कहाँ हैं?"

"क्या?"

"तुम्हारी चाय की दुकान, हम तीन मोड़ मुड़ चुके हैं।"

"देखो, तुम्हारी बातों में रास्ते का पता ही नहीं चला।"

"फ़िल्मी लाइन मत मारो... अब मैं एक क़दम भी नहीं चलूँगी।"

वह सड़क के बग़ल में रखे पत्थर पर बैठ गई।

"वो देखो वो तो है..."

"कहाँ?"

वह उठ खड़ी हुई।

"मैं भूल गया था, असल में दुकान नहीं थी, दुकान का क्या करना है, चाय ही चाहिए न, वो देखो, वो जो खेत के पास घर दिख रहा है वहाँ चाय मिल जाएगी।"

उसने मुझे ग़ुस्से से देखा।

"अरे तुम्हें चाय पीने से मतलब है... वो कहाँ मिलती है इससे क्या फ़र्क़ पड़ता है, चलो।"

हम उस घर की तरफ़ मुड़ गए। बाहर दो औरतें कुछ कूट रही थीं। वो हम दोनों को देखकर मुस्कुराने लगीं। मैंने पहले उनसे पानी माँगा फिर धीरे-से पूछा "दो कप चाय मिल सकती है?"

वे आपस में एक-दूसरे को देखने लगीं।

"एक कप भी चलेगी, ये वैसे भी पीते नहीं हैं।" उसने कहा।

मैं हक्का-बक्का उसे देखता रहा। एक औरत घड़े के पास गई और दो गिलास पानी ले आई। दूसरी औरत भीतर जाकर चाय बनाने लगी। हम

दोनों एक पेड़ के नीचे बैठ गए।

"मैं तुम्हें एक सलाह दूँ?" उसने कहा।

"अब चाय तो मिल नहीं रही है तो सलाह ही सही।"

"तुम्हें सुनना है, वरना ये भी नहीं मिलेगी।"

"प्लीज़... मुझे ज़रूरत है सलाह की।"

"तुम ग़ैर-ज़रूरी चीज़ें लिखने से शुरुआत करो, जो लिखना चाहते हो उसके बाहर की बातें। तुम्हें लिखते-लिखते पता चलेगा कि असल में बाहर का कुछ भी नहीं होता है। सारे बाहर के रास्तों का दरवाज़ा भीतर की तरफ़ ही खुलता है।"

"मुझे हमेशा लगता है कि मैं यहाँ लेखक बना फिरता हूँ, पर असल में तो लेखक तुम्हें होना चाहिए।"

"नहीं बाबा, मैं एक अच्छी रीडर हूँ और ये मुझे बहुत सुख देता है।"

"मुझे तो लगता है कि तुम अपनी प्रतिभा का उपयोग नहीं कर रही हो।"

"तुम्हें पता है राजनीति में सबसे सफल आदमी कौन होता है? जो नेता नहीं होता। जैसे चाणक्य। चाणक्य अगर राजा बन जाता तो कुछ नहीं कर पाता। मैं अच्छा लेखन समझती हूँ और उसके भीतर टहलने में मुझे मज़ा आता है, पर इससे ज़्यादा मैं कुछ नहीं होना चाहती हूँ। ऐसा नहीं है कि मैंने कोशिश नहीं की है, पर मैं अपने लिखे की ही इतनी बड़ी आलोचक हो जाती हूँ कि उसे आगे बढ़ा नहीं पाती हूँ। ज़्यादा पढ़ने के अपने नुक़सान हैं।"

"मैं तुम्हारा लिखा पढ़ना चाहूँगा।"

"मैं वो सारा जला चुकी हूँ, सॉरी तुमने देर कर दी पूछने में।"

"तुम्हें पता है न कि काफ़्का ने भी अपने दोस्त से कहा था कि मेरे मरने पर मेरा सारा लिखा जला देना?"

"हाँ, मैं काफ़्का की उस गहरी इच्छा को समझती हूँ।"

"सच में! ये कैसी इच्छा है? वो तो अच्छा हुआ उसके दोस्त ने उसकी नहीं सुनी।"

"उसके दोस्त ने उसे कितना बड़ा धोखा दिया है!"

"उसी की वजह से आज हम काफ़्का को पढ़ पा रहे हैं।"

"पता नहीं। पर मैं अपनी सबसे अच्छी कृतियों को बाज़ार में जाने के बजाय उसे जला देना ज़्यादा पसंद करूँगी।"

तभी वह औरत तीन कप चाय ले आई। एक कप उसने उसे दिया और बाक़ी दो कप वह अपने लिए ले गई। वे दोनों औरतें अपने घर की सीढ़ियों पर बैठी चाय पीने लगीं।

"अरे इसने सच में मेरे लिए चाय नहीं बनाई।" मैंने आश्चर्य से कहा।

"एक ही कप से पिएँगे, प्यार बढ़ेगा।" उसने मुस्कुराते हुए कहा।

हम दोनों इस फ़िल्मी बात पर हँस दिए। चाय बहुत मीठी थी। पूरा कप शायद मैं पी भी नहीं पाता। हम दोनों उस चाय के थोड़े-थोड़े सिप लेते रहे। मैं उस चुप में उसके बारे में सोचता रहा कि अगर वह लिखती तो कितना कमाल लेखन होता या शायद उसने कमाल का ही लिखा होगा और उसे किसी को भी पढ़ाने के पहले जला दिया होगा।

"क्या तुम्हें अपने लिखे में से कुछ भी याद है?" मैंने पूछा।

"क्यों, तुम्हें मेरे लिखे में इतनी दिलचस्पी क्यों है?"

"शायद तुम्हारे लिखे में मुझे अपने लिखे के शुरुआती वाक्य दिख जाएँ।" मैंने घिघियाते हुए कहा।

"तुमने अपने शुरुआती वाक्यों के लिखे जाने के पहले ही उन पर इतना बोझ क्यों डाला हुआ है? लिखना तो बहना चाहिए, मैंने यही देखा है, मुझे हमेशा से वही कहानियाँ, उपन्यास पसंद आए हैं जिनमें लिखने की संरचना दिखाई न दे। वो एक बातचीत से शुरू हों और आपको पता ही

न चले कब वो एक लंबी यात्रा में तब्दील हो गई हैं। जैसे हमारी ये चाय की खोज, नुक्कड़ पर चाय पीने की इच्छा से शुरू हुई और अब देखो हम कितनी दूर आ गए हैं!"

"अगर मैं इसे लिख दूँ तो क्या ये एक उपन्यास में तब्दील हो सकता है?"

"इसे किसे?"

"ये ही हमारी बातचीत।"

"ओफ़्फ़! तुम हर बात को इतना लिट्रल क्यों ले लेते हो?"

"सच में, तुम्हारा लेखन न करना जबकि तुम असल में एक लेखक हो कितना दिलचस्प है ये!"

वह मुस्कुरा दी और मैं चुप हो गया। हमने चाय ख़त्म की और उन औरतों को धन्यवाद कहा। वापस आते वक़्त मैं बहुत कुछ कहना चाहता था पर उसकी चुप बहुत गहरी थी सो मैं भी चुप रहा। पर मुझसे कुछ देर बाद रहा नहीं गया और मैंने उससे पूछा "क्या तुम मेरे लिए कुछ लिख दोगी? कुछ भी, कैसे भी वाक्य।" उसने कोई जवाब नहीं दिया। तभी मुझे दिखा उसने अपने कानों में एयरपॉड्स लगाए हुए हैं। वह शायद कोई किताब सुन रही है। वह आजकल संगीत नहीं सुनती थी, बस किताबें सुना करती थी। तभी मुझे एक कहानी सूझी।

उस कहानी में बस तीन मुख्य पात्र हैं। मैं एक युवा लेखक हूँ जो कैसे भी अपना काम पब्लिश करवाकर बड़ा लेखक होना चाहता है। एक बड़ा लेखक है जो अपने नए लिखे से अपने पाठकों को चौंकाना चाहता है। और एक लड़की है जो इन दोनों के बीच असल लेखक है पर वह लिखना नहीं चाहती है। ये कितनी कमाल की कहानी हो सकती है! इसकी शुरुआत मैं करना चाहता हूँ एक साक्षात्कार से, युवा लेखक उस बड़े लेखक का

साक्षात्कार कर रहा है। सीधी बातचीत जैसा कुछ। मुझे भीतर से बहुत गुदगुदी महसूस होने लगी। मुझे हमेशा से अपने नए लिखे के पहले गुदगुदी महसूस होती है। इस गुदगुदी की वजह से मैं हँसने लगा। उसने मेरी तरफ़ देखा और इशारे से पूछा कि क्या हुआ है? मैंने सिर हिलाकर उसे इशारा किया कि कुछ नहीं।

जब हम अपने कमरे का दरवाज़ा खोलकर भीतर प्रवेश कर रहे थे तो उसने कहा—

"हम घर से रोज़ नया जीने निकलते हैं
और थोड़े पुराने होकर
घर में वापस दाख़िल हो जाते हैं।"

और मैं मुस्कुरा दिया।

रूह शारीरिक है

शरीर— भाषा और सोच से कहीं ज़्यादा ईमानदार होता है
वो अपने विन्यास से
जो जैसा है वैसा
परिभाषित कर देता है
रूह शारीरिक है
प्रेम काल्पनिक है
हमारी लगभग सारी समस्याएँ
मान लेने की दूरी पर अपना हल लिए बैठी हैं
पीड़ा शब्द का अर्थ सिर्फ़ शरीर जानता है

काश हमारे इंसानी इतिहास का लेखा-जोखा
शरीर लिखता
तो जश्न और हार
साथ बैठे मृत्यु और जीवन पर चर्चा करते

जीवन काल्पनिक है
इस बात का प्रमाण मृत्यु है

और मृत्यु वो चुटकुला है
जिसे हार
जश्न को सुनाती है
पर जश्न को हँसी नहीं आती।

पहाड़ों के पहले दिन की कविता

मैं ये मानकर चलता हूँ कि तुम साथ हो लोगी, जैसे ही मैदानी इलाक़ा छूट रहा होता है, शहर की उमस का चिपचिपापन शरीर पर सूखने लगता है और पहाड़ों के घुमावदार रास्ते शुरू होते हैं, तुम अगल-बग़ल दिखने लगोगी। और यही होता है, खिड़की से बाहर देखते हुए जब पहली ठंडी हवा चेहरे पर लगती है तो तुम्हारी ख़ुशबू आने लगती है। बीच पहाड़ों में पहुँचकर जब गाड़ी कहीं चाय पानी के लिए रुकती है तो अधिकतर चाय की पहली चुस्की के आसपास तुम मुझे अचानक कहीं दिख जाती हो। मैं तुम्हारे दिखने में अपने आश्चर्य को हमेशा दबाकर चलता हूँ। तभी तुम्हारी आवाज़ आती है, तुम कहती हो चाय में शक्कर ज़्यादा है। मुझे हँसी आ जाती है, पर मैं पूरी चाय पीते वक़्त इसका जवाब नहीं देता हूँ। मैं तुमसे कोई सामान्य नहीं बल्कि किसी विशेष वाक्य से अपनी बात की शुरुआत करना चाहता हूँ। ऊपर पहाड़ों में चढ़ते हुए लंबे घुमावदार रास्तों में मैं गाड़ी की खिड़की से बाहर देखते हुए तुमसे कहने वाला वो पहला वाक्य गढ़ने लगता हूँ। शाम होने में, ठंडे पहाड़ों के गर्म दाल-भात में अपनी उँगली जलाते वक़्त इच्छा होती है कि वो बहुत सहेजकर गढ़ा हुआ वाक्य तुमसे कह दूँ। मैं गला साफ़ करके तुमसे कहता हूँ— "सुनो..." तुम मेरे मुँह पर उँगली रखकर कहती हो— "श्श्श्श... अभी वक़्त बातों

का नहीं हुआ है"। कुछ क़दम की दूरी तुम बनाए रहती हो। किसी छोटे homestay की खिड़की से दिख रहे पहाड़ों के बीच, मैं अकेले कोरे पन्ने के सामने जद्दोजहद करते वक़्त तुम्हारा साथ चाहता हूँ पर तुम तब भी छिटकी रहती हो। "अभी पहाड़ी अंगड़ाई का खुलापन नहीं है तुम में, वो आने दो तब बात करेंगे" तुम कहती हो। यात्रा की थकान और ठंड से सुलह करते हुए रात में हम समर्पण कर देते हैं।

सुबह की कड़क ठंड में, मैं रज़ाइयों के बीच जब अपनी आँखें खोलता हूँ तो कुछ ही देर में मुझे संगीत सुनाई देता है, कॉफ़ी की ख़ुशबू पूरे कमरे में बिखरी मिलती है। मैं देखता हूँ, पूरे कमरे में तुम्हारी अंगड़ाइयाँ फैली हुई हैं। तुम कहती हो, "चलो अब बातें कर लेते हैं, मैं अब और चुप नहीं रह सकती हूँ।" मैं अपने कोरोपन को सामने रखता हूँ और कॉफ़ी के पहले सिप के साथ कहता हूँ... "कविता"।

तुम अपनी अंगड़ाई ख़त्म करती हुई कहती हो Yes, I like it, let's start.

पहाड़ों के बीच के दिनों में कविता

"तुम्हें पता है न कि मैं ज़्यादा देर तुम्हारे पास टिकूँगी नहीं।" उसने कहा। मैं पुरातन काल से चली आ रही उसकी चंचलता पर मुस्कुराने लगता हूँ।

"मुझे पता है।" मैं कहता हूँ।

"अगर मैं तुम्हारी जगह होती तो मैं ज़्यादा से ज़्यादा इस वक़्त का फ़ायदा उठाना चाहती।"

"फ़ायदा?"

"और नहीं तो क्या? हम इन दोपहरों में बार-बार घूमने क्यों चले आते हैं? तुम्हें नहीं लगता कि तुम मेरे साथ प्रेम करने के सारे सुनहरे अवसर गँवा रहे हो?" उसने कहा।

वह कभी मेरे सामने उलटा चलते हुए अपनी बात कहती तो कभी मेरे बग़ल में चलते हुए वह टूटी पेड़ों की डालियों को पैरों से मारते हुए मुझे मनाती।

"मैं तुम्हारे प्रेम में फिर से नहीं पड़ना चाहता।" मैंने कुछ देर उसे देखते रहने के बाद कहा।

"पिछली बार का दुख अभी तक क्यों ढो रहे हो? मैं बदल गई हूँ।" इस वाक्य को कहने में उसकी आवाज़ में खनक आ गई थी।

"मैं भी बदल गया हूँ।"

"न, तुम नहीं बदले, तुम आज भी मेरा इस्तेमाल करने से चूकते नहीं हो।" उसने तुरंत जवाब दिया।

"ऐसा नहीं है।"

"ऐसा ही है और इसमें कोई ग़लत बात नहीं है, मैं उसे प्रेम ही मानती हूँ।"

"मुझे तुम्हारा फ़ायदा उठाना कभी पसंद नहीं आया, मैं चाहता हूँ कि जब तक तुम हो तब तक मैं तुम्हारे इर्द-गिर्द बना रहूँ। तुम्हें कल्पना भी नहीं है कि अपनी कविता के अगल-बग़ल बने रहना कितना सुख देता है।"

"पर ये बात बिस्तर पर रज़ाइयों के बीच ज़्यादा सुंदर सुनाई देती, तुम्हें नहीं लगता? यहाँ ठंड में चलते हुए मैं काँप रही हूँ।"

"मैं ठंड में काँपते बदन पर धूप की पहली आँच वाली कविता लिखना चाहता हूँ।"

"वो मैं नहीं हूँ।"

"वो तुम ही हो।"

"तो सुनाओ कविता?"

मैं चुप रहा। कैसे उसे ही उसी की बात सुना दूँ! वह क्यों सोचेगी कि मैं उसके बारे में इस वक़्त ये सोच रहा था।

"अभी मेरे पास कुछ भी ऐसा नहीं है जिसे सुनाया जा सके... पर मैं लिखने की प्रक्रिया में हूँ।"

"ऐसे तो मुझे नहीं लगता कि तुम लिख पाओगे।"

"क्यों?"

"क्योंकि जब मैं तुम्हारे साथ बिस्तर की गर्मी में पड़े रहना चाहती थी, तुम मुझे ठंड में बाहर ले आए हो, इसमें क्या रूमानी है और कौन-सी कविता है? कवि वो कविता क्यों नहीं लिखता जो उसके पास सहजता

से चली आती है, उसे वो ही क्यों लिखना है जिसके लिए उसे अपना comfort छोड़कर बाहर इस ठंड में आना पड़े।"

मुझे हँसी आ गई क्योंकि ये बात एक कविता मुझसे कह रही थी। मैंने चुहल में कहा,

"तुम्हारे साथ की हुई ये रूमानी बातें मुझे बहुत पसंद है।"

"तुम रूमानी बातों में वक़्त ज़ाया कर रहे हो, तुम्हें बस मुझसे प्रेम करना चाहिए, तुम्हे कोई अंदाज़ा नहीं है कि मेरा विस्तार कितना बड़ा है, मैं कितने परिवर्तन कर सकती हूँ!"

"कविता से कोई परिवर्तन नहीं हुआ आज तक।"

मैंने तपाक से कहा और वह चुप हो गई। मैं जानता था मुझे ये नहीं कहना चाहिए था। मैंने उसे नाराज़ कर दिया था। हम पलट गए थे और पहाड़ों में अपने कमरे की तरफ़ चलने लगे थे।

"अगर मैं तुम्हें कहूँ कि तुम्हारे लिखने का फ़ायदा ही क्या है? जब लोगों की पढ़ने में रुचि ही नहीं है, तो तुम्हें कैसा लगेगा?"

मैं चुप रहा। मैं जानता था इस वक़्त मेरा कुछ भी कहना घातक साबित हो सकता था। पहाड़ों में कविता के बग़ैर रहने की मैं कल्पना भी नहीं कर सकता था, पर मुझे कविता और मेरे बीच में आई ये चुप्पी बहुत चुभती थी। मैं उससे कहना चाह रहा था कि मैं ख़ुद से ग़ुस्सा हूँ क्योंकि मैं लिख नहीं पा रहा हूँ, शायद इसलिए मेरे मुँह से ये निकल गया या शायद बहुत ठंड लगने की वजह से मेरी ज़बान फिसल गई, मुझे माफ़ कर दो। पर मेरा और कविता का संबंध माफ़ी माँगने और माफ़ कर देने वाला नहीं था। आप अपनी कविता से कभी माफ़ी नहीं माँग सकते हैं या यूँ कहूँ कि आप अपनी कविता पर माफ़ कर देने की ज़िम्मेदारी नहीं डाल सकते हैं। ग़लती मेरी ही थी, कविता तो संभावनाओं से लबालब थी, पर मैं रोज़ उसे

कुछ नया लिखने की इच्छा से, अपनी ठंड से सूख चुकी नदी के तट पर ले जाता था। मैं वहाँ जाकर उससे प्रेम करना चाहता था। ये कितनी बड़ी त्रासदी थी! जब पिछली बार वह मुझे छोड़कर जा रही थी तो मैंने उसके सामने गिड़गिड़ाते हुए कहा था कि मैं तुम्हारे बिना बर्बाद हो जाऊँगा। पर वह ये सुनने के बाद भी मुझे छोड़कर चली गई थी और त्रासदी ये थी कि मैं बर्बाद भी नहीं हो पाया था। मुझे बर्बाद हो जाना था, शायद इससे मेरी कविता को मेरे कहे पर विश्वास बढ़ जाता। आज उसे मुझपर विश्वास नहीं है वरना मुझे पता था कि हम मेरी सूख चुकी नदी के तट पर जाकर प्रेम कविता लिखते और हमें उस नदी से पानी के बहने की आवाज़ अपने कमरे तक सुनाई देती। या शायद मैं अपने कमरे में उसके साथ रज़ाइयों के भीतर रहकर प्रेम करता, और अपने सुरक्षित वातावरण में बैठे हुए दुनिया बदलने वाली कविताएँ लिखता।

पर ऐसा कुछ नहीं हुआ। क्योंकि जब मुझे बर्बाद हो जाना था मैं बर्बाद हो नहीं पाया था।

अब मैं अपने बर्बाद न हो पाने का बदला उससे ले रहा था।

कमरे में आते ही उसने सारी खिड़कियाँ खोल दीं। मैं कमरे के एक कोने में दुबक गया।

"सुनो, हवा बहुत तेज़ चल रही है। खिड़कियाँ बंद कर दो।" मैंने कहा।

वह जवाब देने के बजाय अपने शरीर से धीरे-धीरे कपड़े निकालने लगी। मैं अपने लिखे के सामने काँपने लगा था।

"एक कविता सुना दो तो मैं ये खिड़कियाँ बंद कर दूँगी।" उसने चंचलता में कहा।

"तुम्हें अब ठंड नहीं लग रही है?"

"बाहर घूमते हुए तुम जितने वाक्य बटोरकर लाए थे वो ठंड के

वाक्य थे। उसे तुम रज़ाई की गर्मी में नहीं लिख सकते हो। ठंड की कविता लिखने में मैं तुम्हें काँपते हुए देखना चाहती हूँ।"

उसने मेरे शरीर के ऊपर पड़ी हुई रज़ाई हटाई। मुझे अपने लिखे तक जाने में अपने कुछ कपड़े उतारने पड़े। जब काँपते हुए मैं कोरे काग़ज़ के सामने था तो समझ नहीं आ रहा था कि यहाँ कौन किससे बदला ले रहा था!

पहाड़ों के आख़िरी दिन की कविता

सुबह के चार बजे हैं और मेरी आँखें खुल चुकी हैं। मैं अपनी रज़ाई को खींचकर अपने चारों तरफ़ फँसा लेता हूँ। तुम मेरी रज़ाई वापस अपनी तरफ़ खींच लेती हो और दूसरी तरफ़ करवट करके लेट जाती हो।

"आज आख़िरी दिन है पहाड़ों में, कुछ बात कर लेते हैं।" मैं कहता हूँ।

"मैं बहुत थक गई हूँ, आज बस पड़े रहते हैं।" तुम कहती हो।

"Chopin, Mozart, Debussy, Tchaikovsky, Beethoven क्या लगा दूँ?" मैं हाथों में फ़ोन लिए पूछता हूँ।

"मुझे हिंदी फ़िल्मी गाने सुनना है, नया-सा कुछ।" तुम रज़ाई से अपना सिर उठाकर कहती हो। मैं Bach लगाता हूँ और तुम पलटकर मुझे ऐसे देखती हो मानो मैंने कोई अपराध कर दिया हो।

"ये तो वही संगीत है न जो Stella Maris किताब में Alicia सुनती है और कहती है कि इसे सुनने के बाद मैं बदल गई थी। तुम जो भी किताब पढ़ते हो तो उसे पढ़ते वक़्त उस किताब का कोई पात्र क्यों हो जाना चाहते हो। मैं तुम्हें जानती हूँ तुम इस वक़्त Bach नहीं सुनना चाहते हो।"

"मैंने लगाया है सो मैं सुनना तो चाहूँगा ही।"

"अच्छा, तुम चाहते हो कि मैं बदल जाऊँ?"

"बात यहाँ तुम्हारे बदलने की नहीं हो रही है।"

"ओ! तो तुम बदलने की सोच रहे हो।"

"कोशिश तो कर ही सकता हूँ।"

"Bach सुनकर, Alicia की तरह सोचकर?"

"तुम बात को कहाँ ले जा रही हो?"

"तुम अंत में वही लिखते हो जिससे मैं थक गई हूँ। मैं ख़ुद चाहती हूँ कि मैं बदल जाऊँ पर मुझे नहीं लगता कि तुममें बदलाव जैसे शब्द को अपनाने की क्षमता है।"

मैं अपने लिखे को ताकता हूँ। क्या मैंने वही तो नहीं लिख दिया जो मैं पहले भी लिख चुका हूँ? मैं सोचने लगता हूँ। मैंने Bach लगाया था क्योंकि मैं पढ़ी हुई किताबों पर बातें करना चाह रहा था। Alicia जैसा होना मेरे वश के बाहर था। जब मैं उसकी बात का कोई जवाब नहीं देता हूँ तो वह मेरे हाथों से फ़ोन छीन लेती है और Bach को बंद करके हिंदी गाने लगा देती है।

"आज कुछ बात नहीं करेंगे।" हिंदी फ़िल्मी गानों के बीच वह कहती है।

मुझे भी गाने अच्छे लगने लगते हैं। मैं कॉफ़ी बनाता हूँ, वह बिस्तर पर छोटी अंगड़ाइयाँ लेने में सोती-उठती रहती है। मैं कॉफ़ी के पहले सिप पर कहता हूँ,

"कविता, सुनो न।"

तुम कहती हो "न मैं कविता नहीं हूँ, तुम मुझे बदले हुए नामों से पुकारो।"

मैं अपने इतने दिनों के लिखे में से नाम निकाल-निकालकर उसे पुकारता हूँ। वह किसी भी नाम पर 'हाँ' नहीं कहती है। मेरी नामों की

फ़ेहरिस्त ख़त्म होती जाती है। मुझे लगने लगता है कि नए लेखन के साथ-साथ मेरे पास नए नामों की भी कमी है। मेरे पास ऐसा कोई नाम नहीं था जिसे पुकारने से कविता पलटे। मैं अपने लिखे नामों के बाहर निकल कर एकदम नए नामों से उसे पुकारने लगता हूँ। वह फिर भी नहीं पलटती है। जब मैं थककर हार मान जाता हूँ तो वह पलटकर मुझे ऐसे देखती है मानो मैंने फिर कोई अपराध कर दिया हो।

"क्या हुआ ? ऐसे क्या देख रही हो, मैंने कोशिश तो की।"

"तुम बस उसका नाम नहीं ले पाए।"

कविता के ये कहते ही मुझे अपने दिमाग़ में उसका नाम उच्चारित होता हुआ दिखता है। मेरे कंधे लटक जाते हैं और सिर उन कंधों के बीच कहीं धँसने लगता है। हम दोनों चुप्पी में सामने खड़े पहाड़ों को ताकने लगते हैं। कुछ देर में कविता मेरे पास आती है और हम एक-दूसरे से देर तक चिपके रहते हैं। मैंने पाया था कि हम दोनों सबसे सहज अपनी हार में होते हैं। जब मैं उसे लिखना नहीं चाहता, जब वह कुछ बन नहीं जाना चाहती, मैंने फुसफुसाते हुए उसके कानों में कहा "तुम मेरी चुप हो।"

किसी बच्चे के हार जाने के बाद जिस सांत्वना भरी आँखों से माँ-बाप अपने बच्चे को देखते हैं, वह मुझे ठीक वैसे ही देख रही थी। कुछ देर बात उसने बुदबुदाया—

"Yes,
I like it,
Let's talk silence."

पहाड़ों में न होने की कविता

मैं वापस ज़मीनी इलाक़ों में आ चुका था। पसीना, उमस, गर्मी, आवाज़ें और भीड़। हर कुछ देर में मैं पीछे पलटकर देखता कि कहीं वो तो नहीं खड़ी है, भीड़ में पीछे की तरफ़ कहीं? कई बार शक्ल मिल जाती पर चाल जुदा होती, चाल वैसी अगर दिख जाए तो बाल बँधे होते। हल्की उसके जैसी दिखने वाली कहीं दिख जाती तो इच्छा होती कि मान लूँ यही मेरी कविता है। पर कविता को माना नहीं जा सकता, वो या तो होती है या नहीं होती है। इस वक़्त वह मेरे पास नहीं थी। क्योंकि भीड़ में हम ख़ुद को ज़्यादा अकेला पाते हैं इसलिए अगर वह इस भीड़ के किसी अकेलेपन में मुझे मिल भी जाती तो कहती-

"क्या मैं सुनाई दे रही हूँ तुम्हें?"

"क्या कह रही हो?" मैं कहता।

"कुछ नहीं।"

"कुछ नहीं" मैं ये सुन लेता।

"क्या, 'कुछ नहीं' की कोई कविता हो सकती है?" मैं पूछता।

"कुछ नहीं की कविता ज़मीनी होगी। पहाड़ों पर 'कुछ नहीं' अपना अर्थ खो देता है।"

"ऐसा नहीं है।"

"तो लिखकर देख लो?"

मैं लिखने की कोशिश करता और 'कुछ नहीं' के आगे बहुत से ख़ाली खोखले शब्द लगाता। ख़ाली डिब्बे में पड़े कंकड़ों-सी एक कविता हल्की-हल्की बजने लगती। मैं कहता-

"सुनाई दी तुम्हें कविता?"

"बाज़ार का बहुत शोर है, फिर से सुनाओ?"

"ये बाज़ार की कविता है, शोर तो इसमें होगा ही।"

"ये तुकबंदी से भरा शोर कविता का है?" वह पूछती।

"हाँ, 'कुछ नहीं' की कविता में तुकबंदी का होना ज़रूरी है वरना ये जानना मुश्किल हो जाएगा कि ये कविता है या नहीं।" मैं कहता।

कविता हँस देती और कहती—

"अच्छा है मैं पहाड़ों से ज़मीन पर नहीं आई वरना तुम मुझे बाज़ारू बना देते।"

मैं अपनी 'कुछ नहीं' की कविता गढ़ते हुए इस बारे में बहुत देर तक सोचता रहा। तुकबंदी मेरी सोच में भी आने लगी थी। मैंने तुकबंदी के सिरों को पकड़ा, जोड़ा, तोड़ा, मरोड़ा और जैसे-तैसे उसे एक सुंदर डिब्बे में बंद कर दिया। जब मुझे उस डिब्बे के भीतर से कविता का शोर सुनाई देने लगा तो मैंने कविता को ढूँढ़ना बंद कर दिया। कविता मेरे पास नहीं थी, मैं जानता था, पर इस डिब्बे में ठूँसकर भरी हुई बातों में मुझे बाज़ारू कविता का शोर सुनाई दे रहा था। मैं सच में ज़मीन पर आ चुका था और बाज़ार मेरी रगों में बहने लगा था।

हम सब प्यासे हैं

मैं, अपने क्षणिक जीवन में
किसी फटे पंख वाली तितली-सा
एक पेड़ से दूसरे पेड़ पर कूदने की निरर्थकता में
जब थककर अपने घर वापस आकर समर्पण करता हूँ
तो बाज़ार पीछे से फुसफुसाता है कि
अरे तुम घर बैठे हो
बाहर कितना सुंदर जीवन फैला पड़ा है
तुम चूक रहे हो जीना।
पर मैं अपने घर में भी सही जा रहा हूँ, मैं कहता हूँ
बाज़ार पूछता है कि इसका गवाह कौन है?
बिना गवाह का जीवन मुफ़्त में ख़र्च हो गया-सा आभास देता है
मैं फिर ख़ुद को समेटता हूँ
अपने टूटे पंखों पर मरहम लगाकर फिर कूदने बाहर निकल जाता हूँ
अब मैं बाहर था और मुझे मेरे जीने के गवाह चाहिए थे
पर इस नए बाज़ार में गवाह बनने का वक़्त किसी के पास नहीं है
पता चला
अच्छा जीने की गवाही देने वाले सारे लोग सोशल मीडिया पर हैं

बाज़ार कहता है कि

अपनी ख़ुशी अपने फ़ोन के माध्यम से साझा करो, तुम्हें गवाह मुफ़्त मिल जाएँगे

मुफ़्त शब्द मनुष्य के दिमाग़ को नपुंसक बना देता है

मैंने नपुंसक होते ही

बाहर अपने कूदते-फिरने को अपने फ़ोन के माध्यम से साझा किया

साझा करते ही गवाहों की टिप्पणियाँ आने लगीं

लगभग हर गवाह मेरे परों की तारीफ़ कर रहा था

मैंने अपने परों को देखा तो वो असल में बहुत बेहूदा दिख रहे थे

और साथ-ही-साथ फटे हुए भी थे

पर साझा करते ही वो ख़ूबसूरत रंगीन दुनिया का हिस्सा लग रहे थे

मैं भी साझा होने वाली तस्वीरों में बहुत ख़ुश दिखाई दे रहा था

मेरे जीने की गवाही की टिप्पणियाँ कई दिनों तक आती रहीं

मैं कई दिनों तक अपने घर से नहीं निकला।

हर गवाही को पढ़कर लगता कि मैं अभी-अभी बाहर की दुनिया से जीकर लौटा हूँ।

असल में सारे गवाह घर बैठे हैं

सारे जीने वाले अपने जीने का सुख घर पर बैठे हुए बटोर रहे हैं

किसी की भूख का सच किसी को भी दिखाई नहीं दे रहा है

साझा करते ही सबके फटे हुए पंख जुड़ जाते हैं

सारे लोग ख़ुश नज़र आते हैं।

हर सुंदर चीज़ के पीछे की त्रासदी साझा करते ही छुप जाती है

क्या असल में हम सब एक बहुत बड़ी त्रासदी में डूबते चले जा रहे हैं?

इस सामूहिक डूबने में

हम सब प्यासे हैं

ये बात

जब भी हम किसी को बताते हैं तो वह हमें अपनी प्यास साझा करने के लिए कहता है।

हम सबकी प्यास

साझा करते ही

हमारे डूबने में पानी हो जाती है।

पुरानी ठंडी चाय

हम वहीं बैठे थे। उसी पेड़ के नीचे वाली चाय की दुकान पर, जाती हुई पतझड़ और आती हुई ठंड के बीच। यही वो जगह थी जहाँ हम मिला करते थे और चाय की चुस्कियाँ लेते हुए घंटों बतियाते रहते थे। यही हमारा अड्डा था। कई बार यहीं बैठकर हमने अपने भविष्य की धुँध को मिटाकर उसे अपने सामने नाचता हुआ पाया था।

"क्या हम इतनी मीठी चाय पिया करते थे?" उसने कहा।

"और दूध भी कुछ ज़्यादा ही है।" मैंने कहा।

"पर स्वाद अभी भी जाना-पहचाना है।"

"हाँ।"

"पर अब ये चाय पीना थोड़ा..."

उसने अपना वाक्य पूरा नहीं किया। हमने यही तय किया था कि जहाँ हम मिला करते थे वहीं मिलेंगे। इतने सालों बाद, उसी जगह। जगह वही थी, पर हम वैसे नहीं रह गए थे। मैं भी अपनी आधी पी हुई चाय को देखने लगा। चाय सच में पीते नहीं बन रही थी। हम कुछ देर आते-जाते लोगों को देखते रहे।

"हमने कितनी दोपहरें इसी पेड़ के नीचे बिताई थीं। अब सोचता हूँ तो लगता है कि क्या बातें करते थे हम दोनों।"

“सच में, हर बार जाते-जाते तक हम दोनों के पास कुछ न कुछ कहने को होता था और जब मैं घर पहुँचती थी तो याद आता कि कहना तो रह ही गया।”

हम दोनों इस बात पर देर तक हँसते रहे। मैं उसके माथे पर पसीने की बूँदों का जमा होना देख सकता था। मैंने अपनी जेब से रूमाल निकालकर उसे दिया। न उसकी चाय ख़त्म हो रही थी न ही मेरी, पर हम दोनों ने अपनी आधी बची ठंडी होती चाय को कसकर अपने हाथों में पकड़ रखा था।

कुछ देर बाद उसने अपनी बची हुई चाय को फेंका और गिलास वापस चाय वाले को दे दिया। मैंने एक झटके में अपनी बची हुई चाय को गटक लिया। गिलास के वापस देते ही मैं अपने ख़ाली हाथों को लेकर असहज हो रहा था कि इनका क्या करूँ? अभी तक तो गिलास को पकड़े रखा था इन्होंने। अब पकड़ने के लिए हम दोनों के पास कुछ नहीं बचा था। हम दोनों के हाथ ख़ाली थे और कहने को कुछ भी नहीं रह गया था। सो हम दोनों उठे और सड़क पार करने लगे। आती-जाती गाड़ियों के बीच मैं उसका हाथ पकड़ना चाह रहा था पर तब तक उसने अपने बैग से फ़ोन निकाल लिया था।

“ठीक है तो मैं चलती हूँ।” सड़क पार करते ही उसने कहा।

“ठीक है।”

फिर हम एक-दूसरे को अजीब-सी सांत्वना भरी मुस्कुराहट से देखते रहे। न तो हम गले लगे और न ही हमने हाथ ही आगे बढ़ाया। मुझे मेरे भीतर चाय के आख़िरी घूँट को ज़बरदस्ती गटक लेने की असहजता महसूस हो रही थी और उसका चेहरा पसीने से चमक रहा था। उसने मेरे कंधे पर हाथ रखा और मैंने उसके कंधे को थपथपाया। वह अपनी गाड़ी की तरफ़ निकल गई और मैं सामने खड़े रिक्शे में बैठ गया।

प्रतीक्षा

मैं तुम्हारी प्रतीक्षा में रहता हूँ। मुझे पता है कि तुम नहीं आओगी मगर इस प्रतीक्षा में कितना रोमांस है। ये तुम्हारे आने न आने से जुदा है। इसमें गली के कोने पर जाकर पलटना है और ख़ाली गली की चुप्पी को चुगना है। ये नास्तिक आदमी की प्रार्थना जैसी है जिसे पूरा होने का कोई हक़ नहीं है। जैसे मैं जब तुम्हारे होंठों के किनारों को अपनी उँगलियों से छूता था तो तुम पूछती थीं कि क्या कुछ लगा हुआ है? मैं कहता था कि मुझे तुम्हारी मुस्कुराहट को छूना अच्छा लगता है। तुम पूछती कि क्या किसी की मुस्कुराहट को छुआ जा सकता है? तो मैं कहता, नहीं। फिर क्या छूते हो तुम? तुम पूछती और मैं फिर तुम्हारे मुस्कुराने का इंतज़ार करता। मैंने कई बार तुम्हारे होंठों के किनारों पर अपनी उँगलियाँ फेरी हैं पर कभी चुटकी भर मुस्कुराहट बटोर नहीं पाया था। जैसे मुस्कुराहट नहीं बटोरी जा सकती है वैसे ही तुम्हारी प्रतीक्षा में तुम्हें पाया नहीं जा सकता है। पर तुम्हें मैं बता नहीं सकता इस जादू को कि जब मैं तुम्हारी प्रतीक्षा में किसी मोड़ पर मुड़ता हूँ तो मेरे होंठ बिल्कुल वैसे ही मुस्कुराते हैं जिस मुस्कुराहट को मैं न कभी बटोर पाया था और न कभी छू ही पाया था।

आशा की बत्तियाँ

समुद्र किनारे बैठे हुए प्रेमी जोड़ों को देखना मुझे बहुत पसंद है। जब मैं और मेरी अम्मी बंबई आए थे तो मैं उनके साथ यहीं मरीन ड्राइव पर आकर बैठा करती थी। मैं हमेशा सोचती थी कि क्या अम्मी भी इन प्रेमी जोड़ों को देखती होंगी? उनके भीतर कौन-सी बातें हरकत करती होंगी? मैंने देखा था कि वह समुद्र किनारे बैठे हुए मेरे अब्बू के बारे में बहुत बातें करती थीं। अब्बू को गुज़रे इतने साल हो गए हैं कि मुझे बहुत ज़ोर लगाना पड़ता है तब कहीं जाकर उनका चेहरा याद आता है। मैं अपनी अम्मी से पूछना चाहती थी कि क्या उनको मेरे अब्बू के अलावा भी किसी से प्रेम हुआ था? क्या वह भी प्रेम के टूटने पर वैसा ही व्यवहार करती होंगी जैसा मैं करती हूँ? मुझे प्रेम महसूस ही तब होता है जब उसमें मुझे कुछ नाटकीयता का स्वाद आता है। सीधा चल रहा प्रेम मुझे बिना नमक के खाने जैसा लगता है।

"अम्मी चाय पियोगी?" मैंने पूछा।

मेरी आवाज़ सुनकर अम्मी को झटका लगा, मानो वह किसी सपने से छिटककर बाहर आई हों। उन्होंने देखा पीछे साइकिल पर चायवाला खड़ा है।

"हाँ।" उन्होंने मुझे और साइकिल वाले दोनों को कहा।

अम्मी को समुद्र किनारे बैठे चाय पीने में बड़ा मज़ा आता है। मैं कई बार उन्हें बड़े कैफ़े में भी ले गई हूँ पर वहाँ वह सिकुड़ जाती थीं। यहाँ समुद्र किनारे वह इतनी खुली हुई बैठती थीं मानो वह अपने घर में ही बैठी हों।

"आजकल कबीर दिखाई नहीं देता है?" अम्मी ने चाय की चुस्की लेते हुए पूछा।

मैंने उन्हें देखा, मैं जानना चाहती थी कि क्या वह इसका जवाब चाहती हैं? क्या उन्हें पिछले कुछ दिनों से समझ नहीं आ रहा कि मेरे साथ क्या हो रहा है? क्यों मैं घर से बाहर क़दम नहीं रख रही हूँ? क्यों मैं ख़ुद को पूरा दिन कमरे में बंद करे रहती हूँ? क्यों मैं यहाँ मरीन ड्राइव नहीं आना चाहती थी? शायद मेरी अम्मी ने ये सारा कुछ मेरी आँखों में पढ़ लिया और अपना चेहरा मोड़ लिया। मैं इस बार उन्हें जवाब देना चाहती थी।

"हम अब साथ नहीं है।" मैंने कहा।

"वो अच्छा लड़का था बहुत।" उन्होंने मुझे बिना देखे कहा।

"मैं भी अच्छी लड़की हूँ।" मैंने जवाब दिया।

इसपर उन्होंने कुछ नहीं कहा। हम अपने क़रीबी लोगों को कितनी आसानी से तकलीफ़ पहुँचाते हैं। क्या यही नाटकीयता है जिसे मैं भी नमक की तरह अपने संबंधों में छिड़का करती हूँ? क्या ये हमारी ख़ानदानी समस्या है? फिर भी मैं ठीक उन्हें ये बात नहीं बता सकती कि कबीर और मैं अब एक साथ क्यों नहीं हैं। इस बार ये दुनिया इसकी ज़िम्मेदार है। पर मैं नहीं चाहती थी कि अम्मी को पता चले कि अब हम किस तरह की दुनिया में रहने लगे हैं।

मैंने मोबाइल निकालकर डूबते सूरज का एक चित्र खींचा। फिर एक और चित्र खींचा जिसमें डूबते सूरज के साथ एक प्रेमी जोड़ा दिख

रहा था। साथ ही मैंने कुछ तस्वीर अम्मी की भी खींच लीं। मैं जब भी अम्मी की तस्वीरें खींचती थी और कोई तस्वीर सुंदर दिखाई देती तो मैं उसे सहेजकर रख लेती। क्या मैं उनके इंतक़ाल के बाद के लिए उनकी तस्वीरों को इकट्ठा कर रही होती हूँ ताकि मैं उनके चले जाने के बाद इन तस्वीरों को देखकर रो सकूँ? कभी-कभी तो कोई तस्वीर देखकर मैं ये भी सोचने लगती हूँ कि क्या मैं उनके चले जाने के बाद ये वाली तस्वीर लगाऊँगी अपनी दीवार पर? फिर मैं ख़ुद को कोसने लगती कि मैं फिर वही बातें सोचने लगी हूँ। क्या ये मेरा डर है जो मुझे उनके एक दिन चले जाने के लिए तैयार कर रहा होता है? क्या अम्मी भी मेरे ब्रेकअप्स के बाद इसलिए मुझसे चिढ़ जाती हैं कि उन्हें लगता है कि मैं उनके चले जाने के बाद अकेली रह जाऊँगी? कबीर और मेरे प्रेम से उन्हें बहुत आशाएँ थीं। मैंने उनकी आँखों में आशा की चमक देखी थी। कबीर से रिश्ता टूटने का मुझसे ज़्यादा दुख मेरी अम्मी को हुआ था इसलिए वह हमेशा उसके बारे में पूछती रहती थीं, ये जानते हुए भी कि हर बार उसका नाम लेने से मेरी हृदय गति बढ़ जाती है। मैंने इंस्टग्राम अकाउंट खोला और ढलते सूरज के साथ एक प्रेमी जोड़े वाली तस्वीर को अपलोड किया और उसके नीचे लिखा—

'प्रेम जब तक अपनी सीमा के भीतर रहता है उसका चित्र खींच लेने की इच्छा होती है। पर प्रेम जब मुक्त जीने की बात करता है तो उसके आसपास दिख रहे चेहरों की मुस्कुराहट ग़ायब हो जाती है।'

इस पोस्ट के साथ मैंने कुछ हैशटैग भी जोड़े, #WhatWelove #Broken #Dowecare #YouLiveAndLearn. पोस्ट करने के बाद मैंने फ़ोन को वापस अपने पर्स में रखा और सूर्यास्त देखते हुए समुद्र की लहरों का संगीत सुनने लगी।

"दिखाओ, क्या तस्वीरें ली हैं?" अम्मी ने पूछा।

मैंने पर्स से फ़ोन वापस निकाला और उन्हें उनकी तस्वीरें दिखाईं। उनका ताँबई चेहरा ढलते सूरज की रोशनी में रोशन हो गया था। वह ख़ुद की तस्वीरें देखकर मुस्कुराने लगी थीं।

"क्या हुआ?" मैंने पूछा।

"इन तस्वीरों में मैं तेरे जैसी दिख रही हूँ।"

सूरज लगभग ढल चुका था। आसमान सुर्ख़ गुलाब के जैसे रंग से सना हुआ था। मैंने उनके हाथों से फ़ोन लिया और हम दोनों की कुछ सेल्फ़ी खींच लीं। फिर हम दोनों उन तस्वीरों को देखने लगे।

"देखा, हम कितना ज़्यादा एक-दूसरे के जैसे दिखते हैं!" मैंने कहा।

"तू बहुत सुंदर है।"

मैं शरमा गई। अम्मी बहुत कम ही इस तरह मेरी तारीफ़ करती थीं।

"आप ही की बेटी हूँ।" मैंने मुस्कुराते हुए कहा।

उन्होंने एक तस्वीर को ज़ूम करके मेरा माथा दिखाया।

"देख तेरी माथे की लकीरें अलग हैं मुझसे।" उन्होंने कहा।

"उससे क्या होता है!" मैंने पूछा।

"माथे की लकीरें क़िस्मत तय करती हैं।"

अम्मी अपने पूरे जिए हुए के साथ बग़ल में बैठकर चाय के ख़ाली कप से खेल रही थीं और मैं अपनी बची हुई भविष्य की संभावनाओं में सोच रही थी कि क्या-क्या काम अलग कर रही हूँ, जिसकी वजह से मेरी माथे की लकीरें मेरी अम्मी से जुदा हैं। इस वक़्त हम दोनों के हाथों में पड़े चाय के ख़ाली कप थे। सूरज ढल चुका था। शहर अँधेरे की गिरफ़्त में जाने लगा था और आशा की बत्तियाँ हर घर में जलने लगी थीं।

वजह की पर्चियाँ

जब भी वो थककर बैठ जाता तो अपनी जेब से वजह की पर्चियाँ निकालकर देख लेता। उन पर्चियों को टटोलता। उसे इस लगातार चलते रहने की वजह खोजनी होती थी। वजह की पर्ची मिलते ही उसे उसका लगातार चलते रहना अखरता नहीं था। वह कितनी दूर निकल आया था। वह कभी-कभी अपने गाँव के घर के बारे में सोचता, फिर उन सारे घरों के बारे में भी जो उसके लगातार चलते रहने में छूटते गए थे। क्या अंत में जीना सारा कुछ छोड़ते चलना है ? लगातार चलते रहने की थकान कभी-कभी उसके दिमाग़ को सुन्न कर देती और उस सुन्न स्थिति में उसे अपने ही चले हुए रास्तों पर शक होने लगता। वह ख़ुद से पूछता कि लगातार इतना चलते रहने का क्या मतलब है ? अधिकतर उसे ऐसे वक़्त में अपनी जेब में टटोलते ही वजह की सही पर्ची मिल जाती और वह अपनी थकान से कहता कि थोड़ा सुस्ताकर आगे पढ़ते हैं। उसकी थकान, सुस्ताने की कुछ साँसें खींचकर फिर आगे के सफ़र के लिए तैयार हो जाती।

पर फिर कुछ कठिन दिनों में लगातार चलने की थकान दिमाग़ सुन्न करने के बजाय उसे जागृत कर देती। दिमाग़ ज़रूरत से ज़्यादा तेज़ चलने लगता। वह सुस्ताने की साँसें खींचता पर दिमाग़ रुकने का नाम नहीं लेता। वह अपनी जेब में रखी सारी वजहों की पर्चियाँ ख़र्च कर देता पर उसे

ठीक वो पर्ची नहीं मिलती जिसकी वजह से उसके दिमाग़ का चलना बंद हो जाए।

कहीं पहुँच जाना अगर त्रासदी है तो इतना चलना क्यों?

इस लगातार चलने का क्या अंत है?

अगर कहीं पहुँचना काल्पनिक है तो क्या चलते रहने का ईंधन महज़ एक बड़ा झूठ है?

कौन चल रहा है और वो कौन है जो झूठ की गाजर सामने लटकाए हुए है?

जब कोई भी वजह की पर्ची काम नहीं आती तो वह समर्पण करने की स्थिति में पहुँच जाता। ये स्थिति एक गहरे अंधे कुएँ की तरह होती, जिससे बाहर निकलने के सारे दरवाज़े गुम जाते थे। तभी कहीं से कोई अंजान व्यक्ति उस कुएँ में झाँकता और कहता कि अरे तुम तो अच्छा ख़ासा चल रहे थे, तुम रुक क्यों गए?

ये सुनते ही उसे लगता मानो किसी ने कोई दरवाज़ा खोल दिया हो। उस दरवाज़े से आती तेज़ रोशनी से पूरा कुआँ लबालब भर जाता। दिमाग़ का चारों तरफ़ भागना बंद हो जाता और उसे लगता कि सारी थकान मिट गई है।

ये उसे बहुत वक़्त बाद पता लगा था कि अंजान लोगों में कितनी ताक़त होती है। अपनों के शब्द संगीत हो चुके होते हैं। हम उनसे वही सुनते हैं जो सुनना चाहते हैं। पर अंजान लोगों के वाक्य, शब्द-दर-शब्द भीतर प्रवेश करते हैं और अंदर की सारी गाँठें खोल देते हैं। वजह की पर्चियाँ जो वह जेब में लिए घूमता था, एक दिन उसने उन पर्चियों को उड़ा दिया। अब जब भी वह भरा हुआ महसूस करता तो अपने घर से निकल जाता। अपनी पहुँच के बाहर के संसार की परिधि तक वह सफ़र करता और किसी अंजान के बग़ल में बैठकर कभी अपनी बात कहता तो

कभी देर तक उसकी सुनता और जब वह ख़ाली हो जाता तो घर वापस चला आता। अब वह ख़ुद को बहुत हल्का महसूस करता था क्योंकि उसकी वजह की पर्चियाँ उसकी जेब में नहीं बल्कि पूरी दुनिया में बिखरी पड़ी थीं।

चिड़िया-सी बातें

पौ फट रही थी। दो चिड़िया अलग-अलग पहाड़ों से एक-दूसरे से बात कर रही थीं। मैं टैंट के बाहर के हिस्से में कुर्सी डालकर बैठा था। सोचा इन दो चिड़ियों के आपस में बात करने की तस्वीर ले लूँ। फिर मैंने ख़ुद को कोसा कि किस क़दर मैं सारा कुछ अपने पास जमा करते चलना चाहता हूँ। मैंने तस्वीर लेना स्थगित किया। सूरज के निकलने में अभी थोड़ा वक़्त था। मैं उसकी कहानी के बारे में सोचने लगा जिसे लिखने की इच्छा से मैं यहाँ पहाड़ों में चला आया था। हर कहानी की शुरुआत में मैं पूरे यक़ीन से कभी नहीं कह सकता था कि मैं इस कहानी को कभी लिख भी पाऊँगा। मैं हमेशा कहता कि मैं कोशिश कर रहा हूँ। कोशिशों के कंधे पर लिखने का बोझ डाला जा सकता है।

मैं जिसकी कहानी लिख रहा था वो सात समंदर पार रहती थी। इन पहाड़ों से उसके देश की दूरी इतनी ज़्यादा थी कि उसके बारे में मैं लगातार सोच सकता था, उसे लिख सकता था पर कंधों पर कभी उसके संबंध का बोझ महसूस नहीं होता था।

तभी सात समंदर पार से उसका मैसेज आया—

'Hello, long time, what's happening ?'

सूरज का सुनहरापन पूरे आसमान में छाने लगा था। मुझे समझ नहीं

आया कि मेरा आश्चर्य इस वक़्त किसके लिए है? सामने वाले दृश्य के लिए या उसके आए मैसेज के लिए। उसे कैसे पता कि मैं उसकी कहानी लिख रहा हूँ?

'हेलो, सुनो एक बात पूछूँ? क्या तुम्हें अभी हिचकियाँ आ रही थीं?' मैंने लिखा।

'WHAT!' उसका जवाब आया।

'मतलब, मैं पिछले कुछ दिनों से तुम्हें ही याद कर रहा था।'

'ऐसा सब कहते हैं पर जिसने मैसेज किया है असल में याद उसने किया है।'

'मुझे बहुत अच्छा लगा तुम्हारा मैसेज देखकर।'

'मुझे पता था कि तुम सुबह अपनी कॉफ़ी की चुस्कियाँ ले रहे होगे।'

मेरी इतनी ज़्यादा इच्छा हुई कि मैं उसे बताऊँ कि मैं तुम्हारी कहानी लिख रहा हूँ। मैं पिछले कई महीनों से सिर्फ़ तुम्हारे बारे में ही सोच रहा हूँ। पर मैं इस संबंध को भारी नहीं करना चाहता था सो मैंने पूछा,

'घर में सब कैसे हैं? कैसा मौसम है वहाँ का?'

हम देर तक मौसम और परिवार की बातें करते रहे। मैं नहीं चाहता था कि वो मैसेज करना बंद करे। सात समंदर पार वह मुस्कुराती हुई मुझसे बातें कर रही होगी—मैं कल्पना करने लगा। मैं इस दृश्य को ख़त्म होते नहीं देख सकता था। तभी मुझे फिर वो दो चिड़ियाँ सुनाई दीं जो अभी भी दो अलग पहाड़ों पर बैठे हुए एक-दूसरे से बातें कर रही थीं। मैं उसे उन दो चिड़ियों की बात बताना चाह रहा था पर इस वक़्त वहाँ रात होगी। पहाड़ों की सुबह की बात सात समुंदर पार के शहर में हो रही रात को कैसे बताई जाए? हम सारा कुछ नहीं बता सकते कभी भी।

मैं मैसेज करते-करते हँसने लगा, वहाँ रात हो रही थी और मैं यहाँ

सुबह के होने पर मुस्कुरा रहा था।

'रुको मैं तुम्हें कुछ सुनाता हूँ।'

मैंने उन दो चिड़ियों की आवाज़ रिकॉर्ड की और उसे भेज दी और लिखा—

'मुझे लग रहा है कि हम दोनों ये दो चिड़ियाँ हैं जो दो अलग पहाड़ों से एक-दूसरे से बात करने की कोशिश कर रही हैं।'

बहुत देर तक उसका कोई मैसेज नहीं आया।

'सुंदर है।' कुछ देर बाद उसने लिखा।

फिर उसका कोई मैसेज नहीं आया।

मैंने देखा सामने के पहाड़ पर बैठी एक चिड़िया उड़ गई है।

माँ

जब मेरी माँ अपनी माँ की बात करती हैं
तो time और space के मायने ग़ायब हो चुके होते हैं
वह ऐसे बात कहती हैं मानो उनकी माँ उनके पीछे खड़ी हैं
मैं जब उनसे उनकी माँ की बात करता हूँ
तो वह मुझे उनके भीतर नज़र आती हैं
उनकी आँखों में मैं, उनकी माँ को झाँकते हुए देख लेता हूँ
शायद इसीलिए माँ जब भी मृत्यु की बात करती हैं
तो उनके चेहरे पर मुस्कुराहट रहती है
क्योंकि उन्होंने कभी किसी को जाने ही नहीं दिया
जो भी उनके बग़ल से गुज़रा है
वो उनका हिस्सा हो चुका होता है
क्या मैं उनका हिस्सा हूँ?
जब मैं किसी से अपनी माँ के बारे में बात करता हूँ
तो उन्हें वह कहाँ दिखती होंगी?

प्रेम कहानी के पात्र

तुम प्रेम में थीं, मैं तुम्हें देखते ही समझ गया था। मैं तुम्हारे होंठों के लगातार मुस्कुराते रहने की झिझक जानता था। तुम्हारे होंठ ऐसे ही ऐंठा करते थे मेरे साथ भी। जी तो कर रहा था कि डाँट लगा दूँ तुम्हारे होंठों को, कह दूँ कि शर्म करो मैं यहीं खड़ा हूँ तुम्हारे सामने। पर अब मैं तुम्हारे होंठों से ये सब कह नहीं सकता था, तुम्हारे होंठों के साथ वो व्यक्ति खड़ा था जिसके प्रेम में वो बार-बार ऐंठ रहे थे।

तभी मुझे याद आया कि जब मैं तुम्हारे प्रेम में था और मेरा कोई दोस्त तुम्हारा नाम लेता था, तो मुझे कितना गुस्सा आ जाता था। मैं तुम्हारा नाम दूसरों के होंठों से सुनना भी सहन नहीं कर पाता था और आज मैं कितनी सहजता से दोनों के सामने खड़ा हूँ। मुझे इस बात पर हँसी आ गई।

"तुम हँस क्यों रहे हो।" उसने पूछा।

"मुझे कुछ याद आ गया था।" मैंने कहा।

फिर मैं उसके नए प्रेमी से देर तक बतियाता रहा। एक चीज़ मुझे अजीब लगी, उसके नए प्रेमी की शक्ल थोड़ी बहुत मुझसे मिलती थी। अगर कोई भी दूर से उन दोनों को साथ देखेगा तो उसे लगेगा कि उसने अभी तक मुझे छोड़ा नहीं है। क्या उसको ये बात पता है कि उसका प्रेमी

मेरे जैसा दिखता है? मैंने उससे ये नहीं पूछा। मैं नहीं चाहता था कि मैं ये पूछकर उसे नाराज़ कर दूँ। जब वे दोनों मुझसे विदा होकर जा रहे थे तो मुझे लगा कि उनके जाते हुए के दृश्य में मेरी अभी सोची जा रही कहानी के पन्ने छिपे हैं। मैं अपने घर आकर देर तक उन दोनों के साथ चले जाने के बारे में सोचता रहा, पर मेरी कहानी के पन्ने प्रेम कहानी लिखने पर उतारू थे जबकि प्रेम शब्द उनके जाते हुए दृश्य से ग़ायब था। फिर मैं सोचने लगा कि जब वह जा रही थी तो क्या उसने मेरे अकेले खड़े रह जाने के बारे में भी सोचा होगा? मैंने अपने सिर को झटका दिया और भीतर ही भीतर सोचने लगा कि हमारी कहानी सच में ख़त्म हो गई है, किसी भी क़िस्म का प्रेम मैं इसमें से बटोर नहीं सकता हूँ।

तभी मैंने देखा उसका मैसेज आया है।

'तुम क्यों हँस दिए थे?'

मैंने उसके सवाल को कई बार पढ़ा और मुझे भीतर एक गुदगुदी महसूस हुई। लगा कहानी का दूसरा अध्याय अब शुरू हुआ है। दूसरे क़िस्म के प्रेम की ख़ुशबू मेरे पूरे कमरे में फैल गई। असल में कहानियाँ कभी ख़त्म नहीं होती हैं। अगर कहानी को ख़त्म होना है तो उसके पात्रों को अपनी कहानी के साथ ही दफ़्न होना पड़ेगा, जब तक वे दफ़्न नहीं होते तब तक कहानी उनका पीछा कभी नहीं छोड़ती है। मैंने कोरे पन्ने पर लिखा कि जब वे दोनों जा रहे थे तो उसने उसके अकेले रह जाने को पलटकर देखा और मुस्कुरा दी थी। वह इस मुस्कुराट को पहचानता था। उस मुस्कुराहट में उसने इशारा किया कि वह उसे मैसेज करेगा। उसकी मुस्कुराहट तुरंत चंचल हँसी में बदल गई थी।

सच फुसफुसाता है, झूठ को चीख़ना पड़ता है

गाँधी बहुत हल्के-से अपनी बात कहते थे जबकि हिटलर को चीख़ना पड़ता था। सत्य अपने दायरे में फुसफुसा सकता है जबकि झूठ को चिल्लाने की ज़रूरत पड़ती है। हमारा अपने निज से भी संबंध बहुत राजनीतिक है। हम ख़ुद भी सबके सामने जब हँसते-खेलते जीवन का नृत्य प्रस्तुत कर रहे होते हैं तब हमारा सच, सादे कपड़े में किसी पेड़ की छाया तले विश्राम कर रहा होता है। हमें उस तक पहुँचने के लिए बार-बार एक नदी को पार करना होता है। पर नदी के इस तरफ़, जहाँ हम अपना नृत्य कर रहे होते हैं, एक बाज़ार है जिसमें बने रहने की प्रतियोगिता में हम नदी के उस पार बैठे अपने सच से इतना दूर निकल आते हैं कि किसी भी तरह की फुसफुसाहट हमें सुनाई नहीं देती है। झूठ, अपने दोहराने और चीख़ते रहने में सच्चाई की चाशनी लपेट लेता है। सच की चाशनी में लिपटा झूठ कितना चमकदार दिखाई देता है! हम अगर उसके सामने चुप बने रहे तो सब कहते हैं कि तुम झूठ में शिरकत कर रहे हो और अगर हम उस झूठ से ऊँचा चिल्लाने लगें तो लोग कहते हैं कि देखो तुम्हीं ने कहा था कि झूठ को चीख़ना पड़ता है। हमारा निज राजनीतिक नहीं है, राजनीति भी राजनीतिक नहीं है, सारा कुछ एक बड़े बाज़ार का हिस्सा है।

बाज़ार में बहुत ताक़त है। इसमें रहते हुए मुझे मेरे सच के गुम हो जाने का डर था सो मैंने इस तरफ़ वाले बाज़ार में नदी के उस तरफ़ वाले सादे सच को बेच डाला है।

नीला मफ़लर

वह कैफ़े के कोने वाली टेबल पर बैठी हुई थी। उसके सामने उसका लैपटॉप खुला हुआ था। कान में बहुत धीमी गति का संगीत था जो उसकी स्थिरता में उसकी मदद कर रहा था। वह कैफ़े के काँच से बाहर सड़क पर आते-जाते लोगों को देख रही थी। बहुत देर देखने के बाद उसने लिखा—

'कितनी सारी कहानियाँ ओढ़े फिरते हैं सब लोग! उनके धीमे-तेज़ चलने में, उनके शरीर पर ढके कपड़ों में, चप्पल-जूतों के चयन में, उनके चेहरे की रेखाओं में कितनी गहरी कहानियाँ होती हैं! कुछ लोग चलते हुए गुम रहते हैं तो कुछ किसी उद्द्देश्य से जल्दी ही कहीं पहुँच जाना चाहते हैं।'

मैं अगर अभी उस सामने दिख रही लड़की की कहानी लिखूँ तो कितना कुछ है जो छूट जाएगा! मेरी सतही देखने की नज़र उसकी कहानी की बारीकियाँ कभी पढ़ नहीं पाएँगी। वह किसी उद्द्देश्य से तेज़ चलती हुई कहीं पहुँच जाना चाहती थी पर अभी ठिठक गई है। वह वापस मुड़ी थी पर वापसी को रद्द करके वहीं खड़ी हो गई थी। उस लड़की ने बंबई की इस गर्मी में मफ़लर पहना हुआ था जो बेतरतीब-सा उसके गले में अटका पड़ा था। नीला मख़मली मफ़लर।

'इतनी गर्मी में मफ़लर कौन पहनता है?' उसने सोचा।

'हमारी सतही देखने की आदत में अगर मैं उसकी कहानी की गहराई में उतरना शुरू करूँ तो मुझे, मैं वहाँ ठिठकी हुई नज़र आऊँगी और मेरे पास भी वापसी के सारे रास्ते बंद होंगे।'

उसने लिखना बंद किया और अपने लिखे को पढ़ने लगी। पढ़ते ही जब उसने वापस सड़क पर उस लड़की को देखना चाहा तो वह जा चुकी थी। उसने अपने भीतर एक टीस महसूस की, मानो कोई बहुत अपना उसे दिखा था, पर इससे पहले कि वह उससे बात कर पाती, वह चला गया। वह किस तरफ़ गई होगी? वापस जहाँ से आई थी या जहाँ वो जाना चाहती थी? वह उसके लिखे में अभी भी ठिठकी हुई थी। उसने सोचा उस लड़की की छोड़ो, वह इस वक़्त कहाँ जाना चाहती है? वह उस लड़की की ठिठक में ख़ुद को देखने लगी और सोचने की कोशिश करने लगी कि अगर वह वहाँ खड़ी होती तो कहाँ जाना चाहती, वापस, या जिस उद्देश्य से वह चल रही थी वहाँ? उसे अपना लिखा बहुत छोटा लगने लगा। उसने वे शब्द फिर से पढ़े, जो उसने अभी-अभी लिखे थे। उसने सोचा, ये शब्द ही हैं जो हर कहानी को छोटा कर देते हैं। बहुत बोलने से चुप रहना कितना कुछ कह जाता है! काश वह लिखने के बजाय उस लड़की की कहानी देख रही होती जो उसके सामने घट रही थी, तो उसे पता चल जाता कि वह कहाँ गई थी।

तभी उसे मिट्टी की सोंधी ख़ुशबू कहीं बहुत दूर से आई। उसने एक गहरी साँस भीतर ली। उसने अपने लिखे में आगे जोड़ा—

'उस लड़की की लापरवाह ठिठक में एक ख़ुशबू थी, बिल्कुल वैसी ही जैसी पहाड़ों से आती है।'

ये लिखते ही उसने लैपटॉप बंद किया और अपने कान से एयरपॉड निकाल लिए। धीमी गति से चल रहा संगीत बंद हो गया था। अचानक उसे बहुत सारी आवाज़ें आने लगीं, ढेरों हार्न, कौवों की काएँ-काएँ, कैफ़े में अगल-बग़ल बैठे लोगों की बड़बड़ाती हँसी, कैफ़े में बज रहा जैज़ संगीत। उसे लगा जैसे उसके लिखने में और लड़की के दिखने के बीच सारा शहर ठिठका हुआ था। जैसे ही उसने लैपटॉप बंद किया था सारा शहर हरकत में आ गया था।

इन सबमें उसे पहाड़ों-सी ख़ुशबू अभी भी आ रही थी। तभी उसकी निगाह कैफ़े की आख़िरी टेबल पर पड़ी। वह लड़की वहाँ बैठी हुई थी। उसका हाथ तुरंत लैपटॉप पर गया पर उसने लैपटॉप खोला नहीं। वह रुकी रही। वह उस लड़की को देखती रही। वह लड़की कैफ़े के काँच से बाहर देख रही थी, मानो वह ख़ुद का बाहर सड़क पर खड़ा होना महसूस कर रही हो। जिस तरह उस लड़की के बाल उसके चेहरे पर बेपरवाह पड़े हुए थे। जिस तरह उसने बेतरतीब-से कपड़े पहन रखे थे, उसे देखते हुए उसकी उँगलियाँ बार-बार लैपटॉप खोलने को आतुर हो रही थीं। उसका हाथ लैपटॉप पर गया पर तभी पता नहीं क्या हुआ उसने देखा वह लड़की अचानक अपने टेबल से उठी और सीधा उसी की तरफ़ आ रही थी। उसने तुरंत अपना लैपटॉप खोल लिया। वह दिखाना चाहती थी कि वह इस कैफ़े में काम करने आई है। दूसरे लोगों की कहानी में उसकी कोई दिलचस्पी नहीं है।

"हेलो"

वह लड़की उसके ठीक बग़ल में आकर खड़ी हो गई थी। उसने आँखें उठाकर उसे देखा और ऐसा अभिनय करने लगी मानो उसने उसे पहली बार देखा हो।

"जी?"

"मैं बहुत देर से आपको देख रही थी, माफ़ी चाहती हूँ मैं बस जानना चाहती हूँ कि इतनी गर्मी में आपने मफ़लर क्यों पहना है?"

वह ये कहते ही हँसने लगी। हँसी में मज़ाक़ उड़ाने जैसा कुछ नहीं था, उसकी हँसी में चंचलता थी। उसने अपना हाथ अपने गले की तरफ़ बढ़ाया और उसने देखा नीला मख़मली मफ़लर उसके गले में पड़ा हुआ है।

"Sorry to disturb you, मैं बस कहना चाह रही थी कि सुंदर लग रहा है ये मफ़लर।"

ये कहकर वह वापस अपनी टेबल पर चली गई।

उसका हाथ अभी भी उसके मफ़लर से खेल रहा था। पहाड़-सी ख़ुशबू उसे मफ़लर से ही आ रही थी। उसने अपना लैपटॉप खोला और लिखा—

'तभी सड़क पर खड़ी हुई उस लड़की की ठिठक टूटी और वह सीधा सड़क से खड़े हुए मुझे देखने लगी। मैं घबराकर अपने टेबल पर रखी चीज़ों से खेलने लगी। मैंने फिर देखा तो वह वहाँ नहीं थी। मेरी आँखें उसे खोजने लगीं। तभी देखा वह कैफ़े की आख़िरी टेबल पर बैठी हुई है। उसकी बेपरवाही मुझे बेहद आकर्षित कर रही थी। मैं उठी और सीधा उसकी टेबल पर गई।

"हेलो" मैंने कहा।

"जी?" मुझे देखते हुए उसने कहा।

"मैं बहुत देर से आपको देख रही थी, इतनी गर्मी में आपने मफ़लर क्यों पहना है?" मेरे कहते ही वह हँसने लगी। मुझे लगा हँसना तो मुझे चाहिए, वह क्यों हँस रही है?'

ये लिखते ही उसे वह खेल दिखने लगा जो वह लगातार अपने जिए और अपने लिखे से खेलती रहती थी। इस बात पर उसे हँसी आ गई। चंचल हँसी, उस हँसी में किसी के मज़ाक़ उड़ाने जैसी बात नहीं थी।

Stay happy

वह हमेशा बुरा मान जाती थी जब मैं उससे कहता था, "Stay happy."

"तुम बार-बार मुझे LIC की policy क्यों बेच रहे होते हो?" उसने कहा था।

"अरे, तुम हर बात को इतना लिट्रल क्यों लेती हो?"

"ये लिट्रल है!"

"ये शब्द है, मैं बस चाहता हूँ कि तुम ख़ुश रहो।"

"एक थाली है जो हर क़िस्म के स्वाद से भरी हुई है, तुम चाहते हो कि मैं उस थाली से बस मीठा ही उठाकर खाती रहूँ?"

"अच्छा ठीक है, don't be happy."

"अब तुम कह रहे हो कि मैं मीठा भी नहीं खाऊँ।"

"तो क्या कहूँ तुम ही बताओ।"

"तुम असल में कहना चाहते हो कि मैं ख़ुद ख़ुश रहूँ।"

"मतलब?"

"मतलब कि तुम ख़ुश रहना चाहते हो, तुम मुझसे मिलने आए हो इसमें तुम मेरा वो पक्ष चाहते हो जो तुम्हें ख़ुशी दे।"

"चलो अगर मैं ये चाहता भी हूँ तो इसमें क्या ग़लत है?"

"कुछ ग़लत नहीं है तो ख़ुद से कहो कि मेरे भाई stay happy."

मैं चुप हो गया। मैं जानता था कि मैं क्या कर रहा हूँ। मैं उसे अपनी चुप से ये बता देना चाहता हूँ कि ये जो भी संवाद हो रहे हैं ये मुझे पसंद नहीं हैं। पर मैं इतना भी नाराज़ नहीं हूँ कि उठकर चला जाऊँ। मैं यहीं बैठूँगा और चुप रहूँगा। एक तरीक़े के बचकाने धरने पर मैं बैठ गया था। उसने कुछ इधर-उधर की बातें करने की कोशिश की पर मैं बस हम्म... हम्म... करता रहा। कुछ देर बाद वह भी चुप हो गई। उसने मेरा हाथ पकड़ा और कहा—

"सुनो, मैं अच्छी लड़की नहीं हूँ। अच्छी लड़की बने रहने के समीकरण बड़े पेचीदा हैं। एक क़िस्म का बोझ है, जिसे ढोते हुए मैं थक चुकी हूँ। आज से कुछ साल पहले अगर तुम कहते stay happy तो मैं तुम्हें थेंक्यू कह देती। लेकिन फिर घर पहुँचकर अपने दिमाग़ में अकेले ही तुमसे लड़ रही होती कि क्यों रहूँ मैं हमेशा ख़ुश। अब मैं अपने दिमाग़ में नहीं लड़ना चाहती हूँ। मैं घर जाकर अकेले में उन सवालों के जवाब नहीं देना चाहती हूँ जिन्हें मैं यहीं ख़त्म कर सकती हूँ। मैं चाहती हूँ कि मैं इस बाज़ारू संवाद से बाहर निकलूँ। मैं अपने दिमाग़ में कम और यहीं इसी वक़्त पूरा का पूरा जी लेना चाहती हूँ। कुछ साल पहले जब तुम डिप्रेशन से गुज़र रहे थे, तब अगर मैं तुम्हें ख़ुश रहने की तरफ़ धकेलती रहती तो तुम्हारा क्या हाल होता? जिस तरह हम अकेले रहने से डरते हैं, वैसे ही हम चुप रहने से, ईर्ष्या, द्वेष, ग़ुस्सा, पीड़ा, दुख से डरते हैं। मैं अब डरना नहीं चाहती हूँ। मैं पूरी थाली के सारे स्वाद चखना चाहती हूँ। आज मैं ख़ुश नहीं हूँ और मैं बिना ख़ुशी के तुमसे मिलना चाहती थी। ऐसे के ऐसे, बिना कुछ और बने। तुम समझ रहे हो कि मैं क्या कह रही हूँ?"

मैं समझ रहा था। पर जो भीतर तक मेरे घुसा हुआ था कि 'ख़ुश रहना ही सबसे बड़ा काम है' उसका क्या करूँ। क्या मान लूँ कि अब तक मैं जैसा सोचता आया था, जैसे जीता आया था सब झूठ है? मैं झूठ हूँ? मैं उसके बहुत अच्छे से समझाने के बाद भी अपनी चुप्पी से दूर नहीं हट पाया। मैं एक बच्चे-सी ज़िद पर अड़ा बैठा रहा।

इस बात को जाने कितने साल गुज़र गए थे। हमारे संबंध को भी ख़त्म हुए जाने कितना टाइम हो चुका था। पर आज तक मुझे उस शाम की सारी बातें याद हैं। कई बार महफ़िलों में उस शाम की बातों को मैं ऐसे कहता हूँ जैसे ये सब मेरे ही विचार हैं। मैं अब इन बातों पर, अपनी सुविधा अनुसार अमल भी करने लगा हूँ, पर आज भी ये मानना मेरे लिए बड़ा अजीब है कि उस शाम मैं ग़लत था।

रात और सुबह

सोने से पहले हमेशा एक किताब मेरे हाथों में होती है। लेखक अपने पात्रों का जमघट लिए संवाद शुरू करता है। हल्के पीले बल्ब की रोशनी में मुझे लगता है कि मैं उस लिखे के संसार में प्रवेश कर रहा हूँ, मगर असल में उस लिखे के रास्ते, आने वाले सपनों के वे दरवाज़े खुलते हैं जिनसे नए शुष्क पात्र प्रवेश करते हैं। हम इन पात्रों को पहले कभी नहीं जानते थे। नए अजनबी से मिलने का सुख हरकत करने लगता है। हमारे सपने किसी दूसरे के लिखे की नमी लिए उन नए पात्रों के स्वागत की ज़मीन तैयार करते हैं। इन सपनों में कभी न देखे गए दरख़्त पैदा होते हैं। यूँ लगने लगता है कि किसी दूसरे के सपने को चोरी से हम देखने वाले हैं। मैं किताब किनारे रखता हूँ, उदास पीला बल्ब बुझाता हूँ और आँखें बंद कर लेता हूँ। सपनों में पता चलता है कि असल में पात्रों की शक्ल में लेखक ने प्रवेश किया है। कभी Pessoa के साथ किसी कैफ़े में हम बातचीत करते दिखते हैं, तो कभी Virgina Woolf के साथ नदी किनारे पत्थर बटोर रहे होते हैं। किसी पहाड़ पर Ruskin Bond अपनी बिल्ली के साथ खेलते नज़र आते हैं तो कभी Nora Krug के स्केच के रंगों से पूरे सपने सने दिखते हैं। शायद हमारे जीवन में बदलाव के निशान सबसे पहले हमारे सपनों में ही हमें दिखाई देते हैं।

जब सुबह की पहली चिड़िया बोलती है और हमारी आँखें खुलती हैं तो लगता है कि सुबह के रंग इससे पहले कभी इतने नए नहीं थे। ये नई सुबह है, पहली बार इस सुबह में पौ फटी है। ये पहला सूरज इस धरती को सुनहरा करने आया है। मैं अपनी ही सुबह को नहीं पहचानते हुए उठता हूँ और कहता हूँ कि आज सारा कुछ कितना नया है और इसलिए कितना सुंदर है!

निर्णय

जब कभी मेरे होने में लोगों को तुम्हारी झलक दिखने लगती है तो मैं असहज हो जाता हूँ। मैं कहता हूँ— नहीं वो नहीं है, उसे तो मैं कब का भूल चुका हूँ। फिर मैं अपने कहे झूठ पर एक छिछली-सी मुस्कुराहट चिपका देता हूँ। ये छिछली मुस्कुराहट मेरी है, इससे तुम्हारा कोई लेना-देना नहीं है। पर मुझे पता है कि मैं कुछ शब्द तुम्हारी तरह कहने लगा हूँ। अपने होंठों को तिरछा करके जैसे तुम कहती थीं मेरा नाम। तुम्हारा हँसने के बाद अपने चेहरे पर हाथ फेरना अब बिना बात का मेरा मेरे चेहरे पर हाथ फेरना हो गया है। कॉफ़ी को पीने के पहले उसकी ख़ुशबू लेना, घर से निकलते वक़्त घर को विदा कहना, खड़े-खड़े पानी पीने के बजाय बैठकर पानी पीना वग़ैरा-वग़ैरा। ये सूची बहुत लंबी है, मैं जानता हूँ। बड़बड़ा तो ऐसे रहा हूँ जैसे तुम सामने बैठकर सुन रही हो। ख़ैर, ये सारी चीज़ें मैंने चुराई नहीं थीं, तुम्हारे साथ रहते-रहते ये ख़ुद मेरे शरीर का हिस्सा हो गई थीं। मैं इन्हें छुपाने की पूरी कोशिश करता हूँ। तुम्हें पता है आज भी तुम्हें छुपाए रखने में कितनी मेहनत लगती है! पर तकलीफ़ इस मेहनत की नहीं है, तकलीफ़ बहुत अजीब बात है। मैं आजकल जो निर्णय लेने लगता हूँ, उससे पहले सोचता हूँ कि मेरा ये निर्णय तुम्हें कैसा लगेगा। अब तुम कहोगी, ये भी कोई तकलीफ़ है? पर मैं सच कह रहा हूँ ये बहुत बड़ी

तकलीफ़ है। मेरा दिमाग़ चलना ही बंद नहीं होता जाता है। मैं बड़े निर्णयों की तो बात ही नहीं कर रहा, छोटे-छोटे निर्णयों के बीच भी मुझे मेरे दिमाग़ को बार-बार चुप कराना पड़ता है। उससे कहना पड़ता है कि उसे कोई फ़र्क़ नहीं पड़ता अगर मैं पीली चादर लूँ या गुलाबी। तुम्हें पता है अंत में मैंने गुलाबी चादर ली थी जबकि गुलाबी रंग मुझे बिल्कुल पसंद नहीं है पर वो तुम्हारा पसंदीदा रंग है, मैं ये बात जानता था। अब ये बात मैं क्यों जानता हूँ इसका भी मुझे कोई अंदाज़ा नहीं है। हर बार अपने घर में बिछी गुलाबी चादर को देखकर मैं सोचता हूँ कि जब कभी तुम मेरे निर्णयों का हिसाब माँगने आओगी तो ये गुलाबी चादर मेरे पक्ष में काम करेगी। क्या तुम सच में आओगी एक दिन? भले ही मेरे निर्णयों का हिसाब माँगने ही सही? मैं क्या करूँगा उस दिन? मैं कैसे तुम्हें अपने घर में आने दूँगा जो मेरे सारे ग़लत निर्णयों से भरा पड़ा है? मुझे पूरा यक़ीन है उस जजमेंट डे के दिन, जब तुम वापस हिसाब लेने आओगी तो मैं तुम्हें अपने ख़राब निर्णयों की वजह से वापस खो दूँगा।

मैं, 'उसे कोई फ़र्क़ नहीं पड़ता' का जाप करने लगा। मैं जानता हूँ कि मैंने अगर अपने दिमाग़ को रोका नहीं तो वो इस कहानी को कई हफ़्तों, बल्कि महीनों तक खींचता रह सकता है। मेरे दिमाग़ में इतनी क्षमता है कि मैं ये कहानी उस जजमेंट डे तक भी खींच सकता हूँ जब तुम मेरे घर के दरवाज़े पर खड़ी होगी और इस कहानी के डर के चक्कर में मैं तुमसे कह दूँगा कि तुम मेरे घर में नहीं आ सकती, वापस लौट जाओ।

कहानी की सज़ा

ये ठंड से सने
टूटे पड़े पहाड़
गहरी इच्छाओं की धुँध लपेटे हुए हैं
मैं यहाँ वापस नहीं आना चाहता था
मुझे लगा था
मैं कहानी के उस हिस्से से गुज़र चुका हूँ जहाँ धुँध थी
मैं धुँध में भटकते हुए
पहाड़ के उन हिस्सों में पहुँचा
जहाँ धूप नहीं पहुँचती थी
इन जगहों में हमारे जिए हुए के अवशेष
मटमैली बर्फ़ के अनाथ टुकड़ों से
गलते हुए नज़र आ रहे थे
मैं उन्हें जला देना चाहता था
ताकि नई कहानी फिर ठंड की न हो
बहुत देर तक जलाते रहने के बाद
पता चला कि जलता कुछ भी नहीं है
बल्कि उल्टा मैं आग लिए

उन पड़े अवशेषों की ठंड में शामिल होने लगा था।
मैं दूसरी कहानी में था
मैं नए पात्रों के ज़रिए
पुरानी कहानी की सांत्वना बटोर रहा था
अगर कहानियों में किए जुर्म की सज़ा मिलती
तो मैं कब का जेल जा चुका होता
पर क्या हम कभी भी सज़ा से बच सकते हैं?

Enjoy your coffee

कहीं तुम वैसे ही तो नहीं निकलोगे जिस तरीक़े के आदमी हमारे घरों में हमारे आसपास रहते हैं? मैं उससे पूछना चाहती थी। पर फिर लगता है कि नहीं वह ऐसा नहीं है, वह तो कितना ख़याल रखता है! किस तरह रास्ते में भी कोई कमज़ोर जानवर दिखता है वह उसे पुचकारने उसके पास चला जाता है! पर क्या जानवरों के प्रति केयर करने से कुछ पता चलता है! मैं जानवरों से कमज़ोर नहीं हूँ, मुझे नहीं चाहिए कि कोई मेरा ख़याल रखे। तो मैं क्या चाहती हूँ? मैं बस चाहती थी कि वह बाक़ी पुरुषों जैसा पुरुष न निकले। क्या मैं एक बार उससे पूछकर ये बात अपने दिमाग़ से निकाल नहीं सकती हूँ! पर ये सवाल मैं कैसे पूछ सकती थी कि सुनो, क्या तुम बाक़ी पुरुषों जैसे पुरुष तो नहीं निकलोगे? अगर मैंने पूछ लिया तो वह शायद ये जवाब दे कि इतने सालों से साथ रह रहे हैं, तुम्हें मेरे ऊपर इतना भी विश्वास नहीं है! मैं शायद कहूँ कि हम औरतें दूध की जली हुई हैं, हमें छाछ भी फूँक-फूँककर पीना पड़ता है। ये सारे संवाद सोचने पर भी कितने अजीब सुनाई दे रहे थे। इन्हें उसके सामने कैसे मुँह से निकाल पाऊँगी! वह कल ही मेरे माता-पिता से मिलकर गया है। मेरे माता-पिता कितने ख़ुश थे उससे मिलकर! शादी की तारीख़ भी जल्दी तय करने की बात चल रही थी और एक मैं हूँ कि उससे इतने छिछले सवाल करना चाहती हूँ।

"सुनो, ये नाश्ते के बर्तन ले जाओ।" पिता की उनके कमरे से आवाज़ आई।

"मैं पोछा लगा रही हूँ, उठाती हूँ उसके बाद।" माँ पोछा लगाते हुए जवाब देती हैं।

"पोछा बाद में लगा लेना, पहले ये ले जाओ नहीं तो चींटियाँ लग जाएँगी।"

पिता की आवाज़ में प्रेम है। माँ की आवाज़ में थकान। वो पोछा छोड़ती हैं और कप और प्लेट को उनके कमरे से उठाकर किचन में रख देती हैं और वापस पोछा लगाने लग जाती हैं। पिता अपने अख़बार में व्यस्त हैं। रिटायरमेंट के बाद उनके पास करने को कोई काम नहीं है, वह पूरा दिन बोर होते रहते हैं और माँ को बहुत प्रेम से आदेश देते रहते हैं।

मैंने कबीर को फ़ोन किया। दूसरी तरफ़ से उसने तुरंत फ़ोन उठा लिया।

'हे जान, तो क्या कह रहे हैं तुम्हारे पेरेंट्स?'

'ख़ुश हैं वो।'

'सुनो मैं देख रहा था कि शादी के बाद कहाँ जाएँगे?'

'कबीर सुनो न, मैं तुमसे मिलना चाहती हूँ।'

'हम शाम को तो मिल ही रहे हैं न!'

'मैं अभी तुमसे मिलना चाहती हूँ।'

'सब ठीक है न? तुम्हारी माँ ने कुछ कहा क्या?'

'क्यों? वो क्या कहेंगी?'

'यूँ ही पूछा, कल वो मुझे बहुत घूर-घूरकर देख रही थीं।'

'तुम अभी तक मेरे दोस्त थे उनके लिए और अब तुम शादी की बात करने आए थे तो कुछ तो देखने में बदलाव होगा ही।'

'तो क्या समस्या है?'

'समस्या नहीं है कबीर, मैं बस तुमसे अभी मिलना चाहती हूँ।'

'यार सुनो, ऐसा होता है, शादी जब तय हो जाती है तो अजीब से ख़याल आने लगते हैं। सब ठीक हो जाएगा।'

'मुझे भी लगा था पर मैं रात भर सोई नहीं हूँ। प्लीज़ मिलते हैं।'

'ठीक है, मैं तुम्हें पिकअप करने आता हूँ।'

मैं सुबह से अपने बेड से नीचे नहीं उतरी थी। मैं नाख़ून चबाने लगी थी। ये आदत मेरी स्कूल में बोर्ड की परीक्षा के वक़्त की थी। मुझे लगा था ये आदत कब की छूट चुकी है पर वो वापस आ गई थी। मैं बार-बार अपनी उँगलियों को अपने मुँह से निकालती पर वे बार-बार मुझे मेरे मुँह की तरफ़ जाती हुई दिखतीं। कबीर के साथ रहते-रहते मुझे पता ही नहीं चला कि एक दिन आएगा और मुझे ये निर्णय लेना होगा कि क्या इस पुरुष के साथ मैं अपना पूरा जीवन रहना चाहती हूँ? मुझे कबीर से प्रेम है मैं जानती हूँ पर काश वह पुरुष नहीं होता। ये कैसी पागलों जैसी बातें मैं सोच रही हूँ। अगर वह पुरुष नहीं होता तो क्या होता!

मैंने उसके साथ रहने के सपने देखे थे। पर वह उन सपनों में कबीर था, कोई पुरुष नहीं। मेरे दिमाग़ में फिर पुरुषों की क्रूरता के बुलबुले फूटने लगे थे। मैं पिछले कुछ दिनों से अख़बार भी ज़्यादा पढ़ रही थी। 2021 में रोज़ 86 केस रेप के दर्ज हुए हैं और हर घंटे 49 अपराध औरतों के ख़िलाफ़, और ये वो केस हैं जो दर्ज हुए हैं, जो दर्ज नहीं हुए उनका कोई हिसाब नहीं है। इसके अलावा सारे युद्ध पुरुषों ने ही किए हैं, वो पुरुष ही हैं जो लड़कियों के ऊपर तेज़ाब फेंक देते हैं। ये मैं क्या सोचने लगी थी। नहीं कबीर पुरुष नहीं है वह तो... कबीर है, एक सेंसटिव आदमी। फिर मैं मेरे पिता के बारे में सोचने लगी। वह मेरी माँ से बहुत प्रेम करते हैं पर

मुझे मेरी माँ बिना पैसे वाली घर की नौकरानी दिखाई देने लगी हैं। वह लगातार काम कर रही होती हैं। मेरे पिता रिटायर हो गए थे पर मेरी माँ का रिटायरमेंट उनकी मृत्यु है।

तभी दरवाज़े पर घंटी बजी। मैंने अपना पर्स उठाया और बाहर निकल आई।

मैं कबीर के साथ उसकी कार में बैठी थी पर उसने कार स्टार्ट नहीं की थी।

"चलो।" मैंने कहा।

"ऐसे चलोगी?" कबीर ने पूछा।

"क्या हुआ?"

"तुमने ये क्या कपड़े पहने हुए हैं?"

मैं सुबह से बेड पर जिस हालत में बैठी थी वैसी ही उठकर चली आई थी।

"मुझे फ़र्क़ नहीं पड़ता है।" मैंने कहा।

"पर मुझे तो पड़ता है।"

"कबीर, अभी मेरा तुमसे बात करना ज़रूरी है।"

"कर लेंगे हम बात, मैं कहीं भागा नहीं जा रहा हूँ, पहले तुम कपड़े बदलकर आओ।"

मैं वहीं बैठी रही। मुझे पता नहीं क्या हो गया था। मुझे अच्छे कपड़े पहनने का बहुत शौक़ था। मुझे घर में भी काजल और बिंदी लगाना पसंद था। ये क्या हो रहा था मुझे!

"मैं ऐसे ही चलना चाहती हूँ।" मैंने कहा।

"तो हम यहीं बात कर लेते हैं।" कबीर ने कहा।

"मुझे कॉफ़ी की ज़रूरत है। मैं ऐसे बात नहीं कर सकती।"

कबीर ने गाड़ी स्टार्ट की और हम बाज़ार में एक कैफ़े की तरफ़ बढ़ गए। वह चुप था और मेरी तरफ़ देख भी नहीं रहा था। ये उसका तरीक़ा है ये बताने का कि उसे मेरा व्यवहार ठीक नहीं लग रहा है। फिर मुझे याद आया ये कबीर कितनी बार कर चुका था। वह चुप हो जाता था। कभी-कभी मैं जान-बूझकर उससे नहीं पूछती थी कि क्या हुआ है तो वह कई दिनों बाद, बल्कि कभी-कभी तो महीने भर बाद मुझे बताता था कि उस दिन मुझे तुम्हारा व्यवहार अच्छा नहीं लगा था। जब तक मैं अपने व्यवहार पर उससे बात नहीं कर लेती, उसे कारण नहीं बता देती कि मैं ऐसा व्यवहार क्यों कर रही थी, वह उस बात को बार-बार कुरेदता रहता। मैं उस व्यवहार को बदल देती, मैं कितना बदल चुकी थी! अब पुरानी मेरी कोई तस्वीर मेरे हाथ लगती है तो मैं पहचान नहीं पाती कि ये मैं थी। मैं इन सारी बातों को भूल जाना चाहती थी अभी, पर सारा कुछ ऐसे याद आ रहा था मानो मेरा दिमाग़ अचानक कबीर का दिमाग़ हो चुका हो जिसे मेरी सारी ग़लतियाँ सालो-साल याद रहती थीं। मैं जब उसके कुरेदने से परेशान हो जाती तो वह कहता, बेबी प्यार करता हूँ इसलिए कहता हूँ।

हम कॉफ़ी शॉप पहुँचे। कबीर ने पार्किंग में गाड़ी लगाई और कार से उतरते हुए उसने कहा "तुम यहीं बैठो, मैं कॉफ़ी लेकर आता हूँ। हम यहीं कॉफ़ी पिएँगे।"

मैं कुछ कह पाती इससे पहले कबीर दरवाज़ा बंद करके कॉफ़ी शॉप की तरफ़ चला गया।

कबीर अपनी कार को बहुत क़रीने से रखता था। हर एक चीज़ जो कार में लगी हुई थी वो उसने ख़ुद अपने हाथों से चुनी थी। जो भी उसकी कार में पहली बार बैठता वह कबीर के एस्थेटिक्स की तारीफ़ करने से नहीं चूकता। यार ये सीट कवर तो बहुत कमाल हैं, gear handle पर

क्या ग़ज़ब आर्ट पीस है, म्युज़िक सिस्टम के तो क्या कहने भाई! इसपर कबीर मुस्कुराता रहता। मुझे लगा जब मैं कबीर के साथ रहती हूँ तो उसके चेहरे पर वही मुस्कुराहट रहती है जब कोई मेरी तारीफ़ करता है।

मैं उस कार में बैठ नहीं पाई। मैं बाहर निकली और उस कैफ़े की तरफ़ चलने लगी। कबीर मुझे काउंटर पर खड़ा दिखा। उसका चेहरा फ़ोन में घुसा हुआ था। मैं उसके बग़ल में खड़ी हुई उसे देख रही थी। तभी काउंटर के दूसरी तरफ़ खड़ी लड़की ने पूछा,

"Ma'am what would you like to have?"

मैं काउंटर पर खड़ी उस लड़की को देखने लगी। मैं क्या चाहती हूँ? मुझे समझ नहीं आया। मुझे नहीं पता था कि मैं क्या चाहती हूँ? ये सवाल आज तक मुझसे किसी ने क्यों नहीं पूछा था?

"मैं सजेस्ट करूँ?" उस लड़की ने कहा।

मैं कबीर को देखने लगी, जो काउंटर से सरककर कॉफ़ी पिकअप करने वाली जगह पर जाकर खड़ा हो गया था। वह अभी भी अपने फ़ोन में घुसा हुआ रील्स देख रहा था। उसके कान में हैडफ़ोन लगे हुए थे। तभी काउंटर के दूसरी तरफ़ खड़ी लड़की ने अलग-अलग कॉफ़ी के नाम गिनाने शुरू कर दिए। मैंने उससे कहा,

"मुझे Cafe Latte चाहिए।"

"Take away or having it here?"

"मैं यहीं पीना चाहती हूँ।"

मैंने अपनी कॉफ़ी का पैसा दिया और कैफ़े की एक कोने वाली बेंच पर जाकर बैठ गई। कबीर की कॉफ़ी आ गई थी। उसने अपने फ़ोन को जेब में रखा और दोनों कॉफ़ी को लेकर कैफ़े से बाहर निकल गया। उसे flat white कॉफ़ी पसंद थी। मुझे वो कॉफ़ी कभी अच्छी नहीं लगी। पर उसने कभी मुझसे options नहीं पूछे थे।

मेरे फ़ोन पर कबीर लिखा हुआ आ रहा था। तभी मेरी कॉफ़ी लेकर वेटर आया। उसने मेरे सामने कॉफ़ी रखी और कहा,

"Enjoy your coffee."

मैंने अपना फ़ोन switch off किया। कॉफ़ी के पहले सिप के साथ मैं पार्किंग की तरफ़ देखने लगी। कबीर अपनी गाड़ी के आसपास मुझे ढूँढ़ रहा था। वह बार-बार मेरा नाम पुकार रहा था। मैं वहाँ नहीं थी। मैं तो उसकी गाड़ी का दरवाज़ा खोलकर बहुत पहले जा चुकी थी।

घर

सुबह मेरा फ़ोन बजा, मैंने देखा माँ ने फ़ोन किया है। मैं अपने लिखे के बीच में था सो मैंने फ़ोन नहीं उठाया। कुछ देर बाद मैंने उन्हे फ़ोन किया।

'हेलो माँ'

'बेटा, अपना गाँव वाला घर अब नहीं रहा।'

'नहीं रहा? मतलब?' मैंने पूछा।

'मतलब उसे गिरा दिया गया है। वहाँ अब शायद दुकानें बनेंगी।'

ये वाक्य कहते हुए माँ की आवाज़ बदल गई थी। मैं एकदम चुप हो गया था। सनी डांस क्लब, ब्रदर्स लाइब्रेरी, गोली बिस्कुट की दुकान, पतंग की दुकान, मेरा चित्रलेखा और चंद्रकांता से पढ़ना शुरू करना, पहला प्रेम, पहला चुंबन, तैराकी का पहला मेडल, पतंग, दोस्त, शामें, ख़ाली दोपहरें, पता नहीं मेरी आँखों के सामने क्या-क्या तैरने लगा! मुझे एहसास हुआ कि मैं बहुत देर से कुछ भी बोला नहीं हूँ, माँ भी दूसरी तरफ़ चुप थीं।

'पता नहीं क्यों माँ, बहुत बुरा लग रहा है।'

'है न!' उन्होंने तुरंत कहा।

'क्या हम बचा सकते थे?'

मैंने पूछा और पूछते ही ख़ुद को कोसने लगा कि ये क्यों पूछा।

'हमने तो वो घर उन्हीं को फ्री में दे दिया था। अब उन्हें कैसे रोक

सकते थे!'

'ठीक है। मुझे कुछ काम है माँ मैं कुछ देर बाद फ़ोन करता हूँ।'

'ठीक है।'

उन्होंने फ़ोन काटा और मैं एकदम से ख़ाली हो गया। कश्मीर का घर भी नहीं रहा था और अब ये घर भी गिर चुका था। ऐसा लगा किसी ने हमारे अतीत के सारे निशान मिटा दिए थे। एक दिन मैं वापस जाऊँगा जैसे वाक्य एकदम निरर्थक हो गए थे। अब कहीं भी वापस जाने वाला कोई घर नहीं रह गया था। महज़ वर्तमान में रहना कितना खोखला सुनाई देता है! अतीत का होना वर्तमान को कितना समृद्ध बनाए रखता है ये बात अब समझ आती है। अभी बंबई के अपने नए घर में ख़ुद का होना इतना खोखला लग रहा था कि मुझे मेरा इसमें होना भी मेरे कानों में बजता हुआ सुनाई दे रहा था। अपना ही सारा कहा किसी ख़ाली जगह से टकराकर वापस पूरे घर में पसरा पड़ा दिखाई दे रहा था।

अचानक मुझे मेरी माँ की चिंता होने लगी। माँ को तो बहुत ही बुरा लग रहा होगा। उनका तो बचपन, स्कूल, कॉलेज, सारे जीवन का लेखा-जोखा वो ही घर था। मैंने तुरंत उन्हें फ़ोन किया,

'हेलो।' माँ ने एक ही घंटी में फ़ोन उठा लिया।

'माँ, मैं सोच रहा था कि ठीक ही हुआ है। मतलब अब हम क्या कर सकते हैं!'

मुझे समझ नहीं आया कि क्या कहूँ सो मैंने बात अजीब-सी सांत्वना से शुरू की।

'हाँ, अब क्या किया जा सकता है! मुझे लगा था कि कहीं से पैसे आ जाएँगे तो उस घर को उन्हीं से वापस ख़रीद लूँगी पर ऐसा हो नहीं पाया।'

वह कहना चाहती थी कि मुझे लगा था कि तू पैसे कमा लेगा तो तुझसे कहूँगी कि चल वो अपना घर उनसे ख़रीद लेते हैं। मैं सही वक़्त पर कभी

भी सही काम नहीं कर पाया था।

'अगर हम ले भी लेते तो वहाँ कौन रहता! हम सब इतने अलग-अलग रहते हैं अब।' मैंने कहा।

'वो ही घर तो था जिसने सब कुछ बाँधे रखा था और अब लग रहा है कि...' वह चुप हो गईं। मुझसे भी कुछ कहते नहीं बना। कुछ देर बाद उन्होंने कहा, 'पता नहीं शायद तू ठीक कह रहा है।'

मैं जानता था माँ को कितना सदमा पहुँचा है! मैं उनकी आवाज़ का गूँजना अपने कानों में महसूस कर सकता था। उनकी आवाज़ में एक ख़ालीपन हरकत कर रहा था।

'सुन, मैं तुझसे बाद में बात करती हूँ।'

मैं जब तक कुछ कह पाता उन्होंने फ़ोन काट दिया। मुझे पता है बाद की बातों में कभी भी उस घर का अब ज़िक्र नहीं होगा। न वह करेंगी और न ही मुझमें हिम्मत होगी। शायद ऐसे ही अपने अतीत के कुछ हिस्सों पर हम मिट्टी डाल देते हैं। उन्हें हम कहीं भीतर दफ़्न कर देते हैं। माँ ने जाने कितना कुछ दफ़्न किया होगा अपने भीतर, क्या इस घर को दफ़्न करने की जगह उनके भीतर होगी? काश मैं ये उनसे पूछ सकता। पर मुझे पता है मैं ऐसे हर सवाल को लिखकर इन्हें भुला देता हूँ, पर जब इन्हें सच में किसी से पूछना चाहिए वहाँ मैं मौन रह जाता हूँ।

क्या लेखन एक लेखक को इतना कमीना बना देता है?

Skinny Dip

"तुम्हें डर तो नहीं लग रहा है न?" उसने पूछा।

वह तेज़ स्कूटी चला रही थी। उसके बाल मेरे मुँह पर पड़ रहे थे, पर उसे इसकी चिंता नहीं थी।

"यहाँ कोई हैलमेट चेक नहीं करता है क्या?" मैंने अपने डर को छुपाते हुए पूछा।

"ये साउथ गोआ है। यहाँ रात में लोग ही कम निकलते हैं।"

हम दोनों नशे में थे। शायद वह मेरे डर को भाँप गई थी, सो उसने अपनी स्कूटी की रफ़्तार और तेज़ कर दी। साउथ गोवा में सड़कें बहुत पतली थीं और मुझे डर था कि किसी गली से अचानक कोई गाड़ी न निकल आए। हवा में ठंडक थी। नशे में चेहरे पर पड़ रही ठंडी हवा बहुत अच्छी लग रही थी, पर इससे मेरा डर ज़रा भी कम नहीं हो रहा था। तभी अचानक उसने स्कूटी किनारे खड़ी की और अपने बैग में कुछ टटोलने लगी।

"क्या हुआ?" मैंने पूछा।

"तुम्हें मेहदी हसन कैसे लगते हैं?" उसने बैग टटोटले हुए पूछा।

"अच्छे लगते हैं।" मैंने कहा।

उसने अपने बैग से एयरपॉड्स निकाले और एक मुझे दिया और

दूसरा अपने कान में फँसा लिया। हम अब मेहदी हसन सुनते हुए समंदर की तरफ़ जा रहे थे। मेहदी हसन सुनने का लाभ ये हुआ कि उसकी स्कूटी की रफ़्तार धीमी हो गई। "मेहदी हसन को सुनते वक़्त कोई कैसे तेज़ चल सकता है" उसने चुहल में मुझसे कहा। मैंने भीतर ही भीतर मेहदी हसन को धन्यवाद दिया। मुझ मेहदी हसन बेहद पसंद थे पर मैंने कभी कल्पना भी नहीं की थी कि उन्हें इस तरीक़े से भी सुना जा सकता था।

"क्या मैं स्पीड ब्रेकर पर कसके ब्रेक लगा दूँ?" उसने अचानक पूछा।

"क्यों, सही चला रही हो तुम।"

"अरे थोड़ा पास खिसक आओ वरना स्पीड ब्रेकर पर गाड़ी उछालनी पड़ेगी।"

मैं हँस दिया और उसकी कमर को कसकर पकड़ के बैठ गया।

छोटी-सँकरी सड़क से होते हुए हम समुद्र किनारे पहुँच गए थे। वह स्कूटी खड़ी करके सीधा एक shack पर घुसी जो बंद था। वहाँ उसने एलिसटर नाम के किसी आदमी को आवाज़ लगाई। Shack के भीतर बत्तियाँ जलीं और नींद में सना हुआ एक आदमी बाहर आया। वह इसे देखते ही हँसने लगा और भीतर जाकर दो बीयर ले आया।

"मुझे नहीं लगता है कि मैं एक भी ड्रिंक और पी सकता हूँ।" मैंने बीयर देखते हुए कहा।

"अगर तुम नहीं पिओगे तो ये भी मुझे पीना पड़ेगा और तुम्हें स्कूटी चलानी आती नहीं है। अब बताओ तुम चाहते हो कि मैं दोनों बीयर पी जाऊँ?"

मैंने तुरंत एक बीयर उसके हाथ से ले ली। हम दोनों बीच पर गए। रात का वक़्त था सो पूरा बीच ख़ाली था। लहरों की आवाज़ के अलावा कोई दूसरी आवाज़ दूर-दूर तक नहीं थी। उसने अंग्रेज़ी गाने लगा दिए थे।

उसका एक एयरपॉड अभी भी मेरे कानों में था।

"आ जाओ, आगे पानी तक चलते हैं।"

वह कुछ भी पूछती नहीं थी। वह घोषणा करती थी। मुझे हवा में थोड़ी ठंडक महसूस हो रही थी। मुझे डर था कि कहीं पानी भी ठंडा न हो। मैं उसके पीछे-पीछे हो लिया। उसके पैर पानी छू रहे थे।

"क्या पानी ठंडा है?" मैंने पूछा।

उसने मुझे ऐसे देखा जैसे जानती ही नहीं हो।

"क्या हुआ?" मैंने पूछा।

"तुम्हारे भीतर कितने डर हैं!"

"नहीं ऐसा नहीं है, मैं बस पूछ रहा हूँ।" मैंने कहा।

"तुम देर रात गोवा में एक लड़की के साथ बीच पर आए हो और तुम्हें चिंता है कि पानी ठंडा है कि नहीं?"

मैं इस वाक्य को जानता था। मैंने ये पहले भी सुना था। ठीक ये नहीं पर बिल्कुल इस जैसा कुछ। मुझे पता था कि कहीं कुछ बुरा न हो जाए का डर मेरे भीतर तक कहीं घुसा पड़ा था। मैं यात्राओं में यहाँ-वहाँ भटक रहा होता था पर हमेशा सचेत रहता कि कहीं कुछ बुरा न हो जाए। कहीं कुछ ऐसा न हो जाए कि मेरे पिता फिर कहें कि ये बस दुख देने के लिए ही पैदा हुआ है।

मैं उसके साथ पानी में जाकर खड़ा हो गया। पानी नर्म था। नर्म पानी जैसी अगर कोई चीज़ होती है तो या शायद पानी को छूते ही मैंने नर्म महसूस किया, इसलिए मुझे पानी नर्म लगा। कई बार मेरी इच्छा होती थी कि पिघल जाऊँ। अगर एक इंसान का पिघल जाना संभव है तो।

"तुम मेरे बारे में कुछ भी जानते हो?"

हम दोनों पानी में साथ-साथ चल रहे थे। चाँद की रोशनी हर तरफ़ इतनी थी कि लग रहा था किसी ने चारों तरफ़ ट्यूबलाइट जला रखी हों।

"क्या मैं तुम्हारे बारे में जान सकता हूँ?"

मैंने ये सीधा सवाल किया था। पर वह मुझे ऐसे देखने लगी जैसे मैंने कुछ गहरा पूछ लिया हो।

"तुम कल मुझसे पहली बार मिले हो, आज रात हम नशे में बीच पर घूम रहे हैं। पर तुमने मेरे बारे में मुझसे एक भी सवाल नहीं किया है।"

"तुम क्या बताना चाहती हो अपने बारे में?"

वह हँसने लगी।

"तुम्हें इस बात का भी डर है!"

"किस बात का?"

"मुझे जानने का।"

"मैंने अपने बारे में भी तुम्हें कुछ नहीं बताया है।"

"तुमने मुझे वो जगह ही नहीं दी कि मैं कुछ पूछ सकूँ।"

"क्या पूछना चाहती हो?"

"तुम क्या करते हो?"

"जॉब।"

"क्या जॉब?"

"एक बड़ी कंपनी में कंसलटेंट हूँ।"

"तुम्हें पसंद है तुम्हारा जॉब?"

"किसे पसंद है अपना काम!"

"मुझे।"

"तुम क्या करती हो?"

"थेंक्यू फ़ॉर आस्किंग, मैं tattoo artist हूँ। And I love my job."

"जिस जगह से मैं आता हूँ वहाँ आपका हाथ पकड़कर आपको वो पकड़ा दिया जाता है जो आपको करना है।"

"कहाँ से हो तुम?"

मैं चुप हो गया था। ये रात बहुत सुंदर थी। हवा में हल्की ठंडक भी बहुत ही ख़ूबसूरत थी। पैरों पर पानी के टकराने की हरकत पूरे शरीर को एक ऐसी स्थिति में पहुँचा रही थी कि पिघलकर इस दृश्य में शामिल हो जाने का मन कर रहा था। इन सबमें ठंडी बीयर के घूँट और कानों में हल्का अँग्रेज़ी गाना अलग ही नशा दे रहे थे।

"मैं अगर बहुत ईमानदारी से कहूँ तो मैं नहीं बताना चाहता हूँ। मैं असल में कुछ भी जानना भी नहीं चाहता हूँ। तुम्हें बहुत rude लगेगा पर मुझे लगता है कि किसी को जानने की एक प्रक्रिया होती है। वो इतने सारे शब्दों और उन शब्दों के मायनों में लिपटी होती है कि मैं उस आदमी को जानने के बहुत पहले ही थक जाता हूँ। और यूँ भी शब्दों के मायने सबके लिए अलग होते हैं। सबके भीतर बनी बनाई टैंप्लेट्स हैं। जैसे तुम्हार शरीर पर इतने सारे tattoos हैं। कोई भी आदमी अपनी एक टैंप्लेट लेकर ही तुमसे मिलता होगा। मैं एक-दूसरे को जान लेने वाले शब्दों से इन सारी की सारी टैंप्लेस्ट से थक चुका हूँ। जैसे कल तुम अपनी माँ से बात कर रही थीं कि वह कुछ दिनों में आने वाली हैं और उसके पहले तुम्हें अपना घर भी बदलना है। मैं अब अजीब-सी चिंता में हूँ कि क्या तुम्हें तुम्हारा घर मिलेगा तुम्हारी माँ के आने से पहले? मेरे दिमाग़ को एक जॉब मिल गया है। एक कहानी जिसके अच्छे अंत की चिंता अब मैं अपने साथ लिए घूम रहा हूँ। क्या हम एक-दूसरे को कुछ भी नहीं बता सकते हैं? क्या हम इस चाँदनी रात, इस समुद्र, इन लहरों के आगे बस समर्पण कर सकते हैं?"

शायद मैंने बीयर के कुछ बड़े घूँट ले लिए थे। मैं इतना ज़्यादा नहीं बोलना चाह रहा था। मैं अचानक चुप हो गया। मैं बस कहना चाहता था कि मैं चुप रहना चाहता हूँ। ये सारे शब्द मेरे मुँह से कैसे निकल रहे थे इसका मुझे कोई अंदाज़ा नहीं था। वह बस मेरे साथ चलती रही। उसने

बहुत देर तक कुछ नहीं कहा। कुछ देर में उसने बीयर के कुछ लंबे घूँट खींचे। मैं उसकी चुप्पी से असहज होने लगा था।

"सॉरी, मैं शायद कुछ ज़्यादा ही बोल गया।"

"नहीं, ऐसा नहीं है, ठीक कहा तुमने।"

वह फिर चुप हो गई। कुछ देर की चुप्पी के बाद उसने कहा,

"तुमने कहा तो मैं भी सोचने लगी कि मैं क्या कर रही हूँ तुम्हारे साथ? मतलब मैं क्यों हूँ यहाँ? हम कितना जानना चाहते हैं? या शायद उतना ही जानना चाहते हैं जितने से हम कह सकें कि हाँ ये तो मुझे पता था। हमें जो पता है हम शायद उसकी रज़ामंदी चाहते हैं। अगर मुझे पहले ही पता लग जाता कि तुम एक जॉब करते हो तो शायद मैं तुम्हारे साथ अभी यहाँ नहीं घूम रही होती। मैं तुम्हें उसी वक़्त जज कर लेती। मैं भी शायद कुछ जा्नना नहीं चाहती हूँ या बस चाहती हूँ कि मुझे इतना पता हो मैं किसके साथ इतनी रात को चल रही हूँ। वह मेरी इन रातों के लायक़ भी है कि नहीं। ये सारी बातें भी शायद किसी अहम से निकल रही हैं। मुझे हमेशा लगता था कि मैं random बिना सिर-पैर के जीवन जिऊँ। हर बार कुछ ऐसा अनुभव करूँ कि उस अनुभव को जीने के बाद कह सकूँ कि इस अनुभव की शायद भीतर कहीं इच्छा थी पर इसकी कल्पना कभी नहीं की थी कि ये होगा मेरे साथ।"

"क्या मैं पूछ सकता हूँ कि वो क्या था जिसकी भीतर कहीं इच्छा है?" मैंने हिम्मत करके पूछा।

"पता नहीं, शायद ये ही वो रात है जिसकी इच्छा थी, ये हाथों में बीयर, रात का ख़ाली बीच, पर ये तो मैं कर चुकी हूँ बहुत बार।"

"इसमें शायद ये नया है कि तुम्हें मेरे बारे में कुछ नहीं पता, कम से कम इतना तो नहीं पता है कि मैं कहाँ से हूँ।"

"हाँ, शायद ये नयापन है। तुम क्या चाहते हो?"

"मैं तो अपने डरों से ही बाहर नहीं आ पाता हूँ।"

"तो तुम उन्हें ही उतारकर फेंक सकते हो।"

मैंने बीयर ख़त्म की और ख़ाली बोतल को हाथों में लिए सोचने लगा कि क्या हैं मेरे डर। क्या मैं अपने डरों को भी फिर से ख़ुद अपने भीतर दोहराना चाहता हूँ? और कौन-से डर? बचपन के? जवानी के? या अभी के डर? अभी मैं किस चीज़ से सबसे ज़्यादा डरा हुआ हूँ?

"मैं समुद्र से बहुत डरता हूँ।" मेरे मुँह से निकल गया।

"समुद्र से?" उसे आश्चर्य हुआ।

"ख़ासकर रात के समुद्र से। ये अनंत अंधकार तुम्हें डरावना नहीं लगता है? जिसमें सर्र-सर्र की लहरों की बस आवाज़ आ रही है, जैसे कोई उस अँधेरे में आपको बुला रहा हो।"

"बाप रे, ऐसे कहोगे तो मैं भी डरने लगूँगी।"

हम बहुत दूर निकल आए थे। उसकी बीयर भी ख़त्म हो चुकी थी। हम वापस मुड़ गए। हमने अपनी-अपनी बोतल डस्टबिन में डाली और उस बीच से बाहर निकलने लगे थे कि मैं रुक गया। मैंने पलटकर वापस समुद्र की तरफ़ देखा। वो इस चाँद की रोशनी में सच में बहुत डरावना लग रहा था। कुछ क़दम आगे चलकर वह भी रुक गई।

"क्या हुआ? कुछ भूल गए क्या?" उसने पूछा।

मैंने हाँ कहा और अपने कान से उसका हैडफ़ोन निकालकर उसे दिया।

"क्या हुआ?" उसने हैडफ़ोन लेते हुए पूछा।

मैं उसकी तरफ देखकर मुस्कुराया और पलटकर भागता हुआ समुद्र की तरफ़ जाने लगा। वहाँ जाने में मैंने अपनी शर्ट उतारी, चप्पलें फेंकी, पाजामा उतारा और अपनी चड्डी भी उतार दी। जब तक मेरे पैर पानी को छूते मैं पूरा नंगा हो चुका था। मैं तब तक समंदर की तरफ़ भागता रहा जब

तक पानी मेरी जाँघों तक नहीं आ गया। जब तक मेरा समंदर की तरफ़ भागना असंभव नहीं हो गया। पर मैं फिर भी पूरी कोशिश करता रहा उस ओर भागने की। हर कुछ देर में लहरें मुझे वापस ज़मीन की तरफ धकेल रही थीं। मैं फिर पूरी क्षमता से उठता और आगे बढ़ने लगता। वो फिर मुझे पीछे धकेल देतीं। हर धकेलने में मेरा ग़ुस्सा बढ़ता जा रहा था। ये समुद्र मुझे अपने भीतर समा लेने से रोक क्यों रहा था ? मैं उसका रोकना बर्दाश्त नहीं कर पा रहा था। मैं अपनी पूरी ताक़त से उसकी तरफ़ बढ़ने लगा। मुझे हर आती लहर में लोगों के चेहरे दिखने लगे जिन्होंने मुझे मेरा जीवन जीने नहीं दिया था। मैं हर लहर को किसी नाम से बुलाने लगा। मैंने अपने पिता नाम की लहर को कूदकर पार किया। मेरे सपने मुझे मेरी लहरों में आते दिखे तो मैंने उन्हें अपने दोनों हाथ खोलकर गले लगा लिया। मेरी यायावरी की इच्छाएँ, मेरे हार जाने की आज़ादी... मैं थक गया था, हाँफने लगा था, पर अभी मैं रुक नहीं सकता था। यही एक मौक़ा तो मिला था मुझे। मुझे लगा जब तक लहरें उठती रहेंगी तब तक मैं इनसे लड़ता रहूँगा। पर मैं टूटने लगा था। मेरी ताक़त ख़त्म हो गई थी। मैं रुक गया। क्या अपने डर से कभी पार नहीं पाया जा सकता है ? तभी मुझे एहसास हुआ कि कोई मेरे पीछे है। मैं पलटा तो देखा वह थी। उसने भी अपने सारे कपड़े उतार फेंके थे। मैं हाँफते हुए उसके सामने खड़ा था। वह मुस्कुरा रही थी और मैं हाँफते हुए खिसयानी हँसी हँस रहा था, पर साथ-साथ मुझे बहुत तेज़ रोना भी आ रहा था।

मुझे नहीं पता हम कब तक लहरों से खेलते रहे और कब थककर बाहर रेत पर आकर लेट गए थे। चाँद की रोशनी में हम दोनों का नंगा जिस्म चमक रहा था।

"मैं कब से skinny dip लेना चाहती थी। पर कभी हिम्मत नहीं हुई थी। अपने जानने वालों के सामने ये थोड़ा अजीब लगता है। पर देखो

आज...।"

वह पूरा वाक्य बोल नहीं पाई थी और वह हँसने लगी थी। नहीं जानने वाले संबंध शायद ऐसे ही होते होंगे। जहाँ साथ कुछ नया जी लेना ही एक-दूसरे को जानना होता होगा। मैं नहीं जानता था कुछ भी और जितना जानता था वो कभी ख़ास कुछ काम भी नहीं आया था। मैं नहीं जानने के इस नए अनुभव का आनंद ले रहा था। मेरे भीतर डर भी बहुत कम होता जा रहा था। मैं उसे देखने लगा। वह ख़ुश थी, मैं ख़ुश था। कुछ देर में उस चाँद की रोशनी में वह मेरी तरफ़ बढ़ी और मैं उसकी तरफ़, बिना जाने, बिना सोचे हम एक-दूसरे के बहुत ज़्यादा क़रीब थे।

सुख की फटी पतंग

मैं जब अकेले होता हूँ
और कभी अचानक 'तुम' शब्द मुँह से निकलता है
तो 'मैं' शब्द अक्सर पीछे छूट जाता है
और एक चित्र उभरता है

मेरे अकेलेपन में
'तुम' शब्द को सुनती हुई
मुझे
तुम दिखती हो
तुम्हारे दिखते ही मैं उत्साह में बड़बड़ाने लगता हूँ
जैसे मैं तुम्हारे पीछे से आती रोशनी से पूछता हूँ
कि वो तुम्हारे शरीर पर बिखरते ही क्यों सुनहरी हो जाती है?
तुम्हारी बिंदी से कहता हूँ कि वो अपने मध्य से थोड़ी जुदा होकर
कितनी सुंदर दिखती है
मैं अपने अकेलेपन में किस बेशर्मी से अकेला हूँ
ये मैं तुमसे नहीं कहता हूँ
मैं कहता हूँ तुम्हारे बालों से कि

खुले रहा करो
वे जब बंधे रहते हैं तो मैं उनकी ख़ुशबू को तरस जाता हूँ

मुझे याद है,
जब हम दोनों साथ होते थे
उस साथ में
जब अचानक मेरे मुँह से 'मैं' शब्द निकलता है
तो 'मैं' पीछे छूट जाता और उस 'मैं' के चित्र उभरने लगते

मुझे 'मैं' कहते ही लगता है
कि मैं एक गहरे अँधेरे कुएँ में झाँक रहा हूँ
जिसमें 'मैं' कहते ही मेरा 'मैं' गुम हो जाता है
बहुत इंतज़ार के बाद जब कुछ भी वापस नहीं आता
तो मैं उस गहरे अँधेरे कुएँ में तुम्हारा नाम फेंकता हूँ
और मुझे मेरे 'मैं' की प्रतिध्वनि सुनाई देने लगती है

उस 'मैं' की प्रतिध्वनि में
बिजली का पुराना ज़ंग खाया खंभा दिखता है
उसकी तारों में एक पीले रंग की पतंग अटकी दिखती है
सालों पुरानी फटी हुई पतंग के
फड़फड़ाने की आवाज़ आती है पहले, चित्र बाद में दिखता है
'वो उड़ती फिरती थी' की सिहरन
रीढ़ की हड्डी में हरकत करने लगती है
उस सिहरन की टीस
नाभि के भीतर कहीं महसूस होती है

हृदय धड़कनों के कुछ क़दम छलका देता है
मन अपने ही शरीर के भीतर
किराएदार की बेचारगी ओढ़ लेता है

और ऐसे में तुम कहती हो कि
मुझे मेरा नाम तुम्हारे मुँह से सुनना अच्छा लगता है
पीड़ा हमें पास लाती है
और सुख एक फटी पतंग-सा
बिजली के तार पर हमें फड़फड़ाता हुआ पहले सुनाई देता है
और बहुत वक़्त बाद दिखता है।

ख़ुशी

मैं उसे ख़ुशी कहता था। मैं जाने कब से उसे जानता था! मैं ही क्या, वो ख़ुशी थी, उसे कौन नहीं जानता था। जब वो मेरे आसपास होती तो मुझे लगता ये तो मेरी बचपन की दोस्त है। मैं तो उसे अपना पक्का दोस्त मानना चाहता था पर वो हमेशा लंबे वक़्त के लिए ग़ायब हो जाया करती थी। ख़ासकर जब मुझे उसकी बहुत ज़्यादा ज़रूरत महसूस होती, वो दिखाई नहीं देती थी। ऐसे में पक्के दोस्त की छोड़ो उसे दोस्त भी कैसे कहा जाए? वो असल में कहीं नहीं है। मेरा दिमाग़ कहता कि वो बस मेरा वहम है। फिर जब वो अचानक कहीं टकरा जाती तो ऐसे मिलती मानो वो कहीं गई ही न हो। मैं हमेशा से उससे पूछना भूल जाता कि इतने वक़्त तक कहाँ थी। क्योंकि उसे देखते ही मैं इस क़दर ख़ुशी अपने भीतर महसूस करता कि मेरे सारे सवाल ग़ायब हो चुके होते। कभी-कभी वो कहती कि उसे मेरे पास आने के लिए बहुत ख़ाली जगह की ज़रूरत होती है और जब भी वो मेरे पास आने के बारे में सोचती, उसे आने की जगह ही नज़र नहीं आती। मैं उससे कहता कि मेरे पास तो उसके लिए हमेशा जगह रहती है। वो मुझे ताकती रहती। मैं हारकर उससे पूछता कि मेरे पास ख़ाली जगह क्यों नहीं है? वो कहती, ये सवाल तुम्हें ख़ुद से करना चाहिए। मैं पूछता कि अगर सवाल मैं ख़ुद से करूँगा तो जवाब कौन देगा। वो इस बात पर

हँस देती। मैं जब छोटा था तो हमेशा उससे अपने घर में ही मिला करता था, पर मेरे बड़े होते ही उसने घर आना बंद कर दिया था। वो हमेशा मुझसे बाहर ही मिलने को कहती। मैं कहता चलो बहुत दिन हुए घर चलते हैं तो वो कहती कि बाहर तुम कितने ख़ुश लगते हो, हम बाहर ही रहते हैं। बाहर रहने में हम समुद्र की तरफ़ चले जाते, कभी पहाड़ों के छोटे गाँव में किसी चाय की दुकान पर देर तक बतियाते रहते। वो जब भी मिलती मुझे लगता कि वो मिली नहीं है, वो फूट पड़ी है। पिछले कुछ सालों में उससे मिलना एकदम कम होता गया था। और हम जब भी मिलते वो कहती कि उसके पास वक़्त कम है। मैं उससे पूछता कि वक़्त कम क्यों है? तो वो कहती कि क्योंकि तुम्हारे पास जगह कम है, कम जगह में मेरा वक़्त भी कम हो जाता है। ख़ुशी को कैसे जल्दी-जल्दी जिया जाता है इसका हुनर मैंने कभी सीखा नहीं था। उससे मुलाक़ात इतनी कम हो चली थी कि मैं उसकी शक्ल तक भूलता जा रहा था। कहीं ऐसा न हो वो एक दिन मुझसे मिलने आए और मैं उसे पहचान ही न सकूँ। इस डर से उसकी शक्ल का कोई भी व्यक्ति मुझे दिखता है तो मैं तुरंत अपनी ख़ुशी उसमें ढूँढ़ने लगता हूँ। कभी-कभी इसमें क्षणिक सुख तो मिलता था पर अपने ही रचे इस झूठ की वजह से सुख कम होता जाता और दुख ख़त्म होने का नाम नहीं लेता।

फिर मैंने देखा था कि जब कभी मैं किसी लंबी यात्रा पर होता हूँ, किसी अलग देश के अलग गाँव में तो, वो अचानक मुझे दिख जाती। वो ऐसी जगहों पर देर तक मेरे साथ बैठी रहती है। मैं उससे पूछता हूँ—

"तुम यहाँ क्या कर रही हो?"

"मैं बहुत दूर जाना चाहती थी।" वो जवाब देती है।

"क्यों?"

"क्योंकि ख़ुशियाँ अगर एक ही जैसी स्थिति में रहें तो वो तकलीफ़ देने लगती हैं। मैं ख़ुद अपनी स्थिति से उकता जाती हूँ। मुझे नई चीजों को

बटोरता व्यक्ति बहुत पसंद आता है। उसे देखने में तसल्ली मिलती है। तुम्हें पता है तसल्ली शब्द मुझे कितना पसंद है! देखो, आज हम कैसे यहाँ जर्मनी के एक गाँव में बैठे हैं। यहाँ की फ़िल्मों की बातें कर रहे हैं! तुम्हें लगता है कि ये बातें हम कभी भी तुम्हारे घर के आसपास कर सकते थे?"

हम इंसानों ने इतने ख़ूँख़ार जानवरों को पालतू बना डाला था। हम पुरुषों ने औरतों को धर्म और सुरक्षा की बोटियाँ खिला-खिलाकर अपने लिए काम करना सिखाया था। तो ये ख़ुशी को क़ाबू में करने के पैंतरे क्यों नहीं सीख पाए थे हम लोग! क्यों ऐसे आविष्कार नहीं हुए कि ख़ुशी हमारे घर के अंदर बाँधी जा सके!

अब मैं जानता था कि अगर मुझे उससे मिलना है तो मुझे बहुत दूर जाना पड़ेगा। और दूर जाकर भी वो मिल ही जाएगी ये तय नहीं था। मुझे दूर जाकर भी बहुत संयम रखना होगा। पर मैंने देखा था कि वो अधिकतर मिलने आ जाया करती थी। कई बार वो मेरे कमरे में मेरे साथ रह भी गई थी। मैंने उससे कहा था कि तुम साथ रहती हो तो लगता है सारा कुछ कितना सही तरीक़े से घट रहा है। वो इसके जवाब में बस मुस्कुरा देती थी। अब पहली बार मुझे पता चला कि ख़ुशी क्यों ख़ाली जगह की बात किया करती थी। उसे सच में बहुत जगह चाहिए होती थी। जगह के साथ-साथ बहुत चुप, सहजता, संयम और ख़ुद से एक क़िस्म की सुलह, तसल्ली, तसल्ली सही शब्द है।

कल की बात है मैं अपने घर के पास वाले बाज़ार में था। अचानक मुझे वहाँ ख़ुशी दिखी। मैं चौंक गया। वो बाज़ार में क्या कर रही है? मैंने कभी कल्पना भी नहीं की थी कि मेरी ख़ुशी कभी मुझसे बाज़ार में टकरा जाएगी। मैं उसके पास गया तो उसने मुझे ऐसे देखा मानो वो मुझे पहचानती ही नहीं हो। वो किसी और के साथ थी। मैंने कभी उसके निजी जीवन के बारे में उससे नहीं पूछा था और उसने भी मुझसे कभी नहीं पूछा

कि तुम अकेले क्यों रहते हो? मैं चाहता था कि एक दिन वो पूछ ले तो मैं उससे कह दूँ कि मैं तुम्हारे कारण अकेला रहता हूँ। मैं चाहता था कि तुम्हारी आवाजाही मेरी ज़िंदगी में बिना झिझके बनी रहे। ख़ैर, जब वो मुझे नहीं पहचानी तो मैं डर गया। फिर पता नहीं कहाँ से वो मेरे पीछे आई और उसने मेरे कंधे पर हाथ मारा और कहा कि मैं कल तुमसे तुम्हारे घर पर मिलने आऊँगी। मैं जब तक उसकी बात पर मुस्कुरा पाता वो चली गई थी। मेरी ख़ुशी को मैंने किसी और के साथ जाते हुए देखा था।

अगले दिन मैं अपने घर को देर तक जमाता रहा। उसकी उपस्थिति में मुझे हमेशा मेरा घर बहुत बिखरा लगता था। इस बार मैंने तय किया था कि वो मेरे रहने के तरीक़े से इतनी ज़्यादा प्रभावित हो जाए कि वो बार-बार मुझसे मिलने मेरे घर आती रहे। क्या उसके प्रभावित होने के बाद मैं उससे कह सकता हूँ कि तुम यहाँ मेरे साथ रहने लगो? मैं ख़ुशी को जानता था। इस बात पर वो बिदक सकती थी। मैं अपने घर को उसकी सबसे बेहतर स्थिति में ले आया था। तभी दरवाज़े पर दस्तक हुई। मैंने दरवाज़ा खोला और वो सामने खड़ी थी। मैं छपाक से उसके गले लग जाना चाहता था पर मैंने उसे अंदर आने को कहा। वो सीधे किचन में गई, उसने पानी की बोतल उठाई और गिलास में पानी निकालकर पीने लगी। मैं दूर खड़ा था। मैं चाहता था कि वो एक बार अच्छे से मेरा घर देख ले।

"चाय मिलेगी?" पानी पीने के बाद उसने पूछा।

मैं चाय बनाकर लाया तो देखा वो सोफ़े पर बैठी थी। मुझे डर था कि उसे सामने दीवारों पर रेंगती पीड़ा दिख जाएगी। सो मैंने उससे कहा कि यहाँ खिड़की के पास बैठो यहाँ से बाहर पेड़ दिखते हैं। मैंने उसे चाय दी और वो खिड़की के पास रखी हुई कुर्सी पर बैठ गई।

"कल तुम बहुत ख़ुश दिख रहे थे।" ख़ुशी ने चाय का पहला सिप लेकर कहा।

"इतने दिनों बाद तुम्हें अचानक देख लिया था इसलिए शायद, पर... क्या मैं ख़ुश था कल?" मैंने पूछा। मुझे अपने ख़ुश होने पर हमेशा संदेह रहता था।

"हाँ, मुझे तुमसे मिलना तभी पसंद आता है जब तुम मुझे ख़ुश दिखते हो।"

"नहीं, मैं तो तुमसे मिलने के बाद ख़ुश होता हूँ।"

"और मैं तुमसे मिलने के लिए तुम्हारे ख़ुश होने का इंतज़ार करती हूँ।"

मैं उसके सामने अवाक्-सा बैठा रहा। पूरा जीवन मुझे यही लगता आया था कि जब ख़ुशी आएगी तब मैं कितना ख़ुश होऊँगा। और मेरी ख़ुशी दरवाज़े के दूसरी तरफ़ मेरे ख़ुश होने का इंतज़ार ही करती रही। जिस ख़ाली जगह की असल में वो बात करती थी वो जगह मेरा ख़ुश होना था। कितने साल बीत गए थे उसके इंतज़ार में जबकि मैं महज़ ख़ुश होकर अपना दरवाज़ा खोल सकता था और वो मुझे मेरी चौखट पर खड़ी दिखती। मुझे इस बात पर रोना आ रहा था। पर फिर मुझे डर लगने लगा कि कहीं मेरे रोने से ये ख़ुशी उठकर न चली जाए। मैं रोते-रोते हँसने लगा।

"क्या हुआ?" ख़ुशी ने पूछा।

मैं कहना चाहता था कि मैं कितना मूर्ख था ये बात मुझे इस ढलती उम्र में आकर पता चली। पर मैंने कहा—

"तुम्हें अपने घर में पाकर मैं बहुत ख़ुश हुआ हूँ।"

कोपनहैगन

कविताएँ लिखी नहीं जाती हैं। वे आपके शरीर से गहरी थकान के ठंडे पसीने-सी रिसती हैं।

एक कविता से नया लेखन आगे बढ़ना शुरू हुआ है। क़रीब दो साल पहले इस लेखन की शुरुआत लैंडोर में हुई थी। उस वक़्त ये एक लेखक की झूठी महत्वाकांक्षा-सा लग रहा था। अगर मैं उस वक़्त किसी से कहता कि मैं एक उपन्यास लिख रहा हूँ जिसका पहला भाग लैंडोर में शुरू होगा और दूसरा भाग कोपनहैगन और डेनमार्क में जाकर ख़त्म होगा, तो वह कभी इसपर विश्वास नहीं करता और मैं ख़ुद ही अपने कहे में झेंप जाता। पर वो महत्वाकांक्षा अब सच साबित हो गई है। उस वक़्त यक़ीन नहीं था कि मैं कभी भी पहले भाग से दूसरे भाग पर छलाँग लगा पाऊँगा। पर आज मैं कोपनहैगन आ चुका हूँ और बहुत हल्के क़दमों से ये लेखन आगे बढ़ता हुआ दिख रहा है। इसकी शुरुआत एक कविता से हुई और मुझे लगा कि यह लेखन शायद मेरी सबसे बड़ी छलाँग है। जहाँ से छलाँग लगाई थी वो ज़मीन मुलायम थी। अभी हवा में हूँ और जहाँ जाकर गिरना है वहाँ गहरा अँधेरा है, हाथ को हाथ दिखाई नहीं दे रहा। उस अँधेरे में शब्दों के फेंकने से जुगनू-सी चमक उठती है। पर कुछ देर में ही सारा कुछ वापस ओझल हो जाता है। इन सबमें भीतर एक गुदगुदी बनी

रहती है। इतने अँधेरे में मैंने कभी अपना लेखन नहीं फेंका था। अपनी ही महत्वाकांक्षा के डर में मैं हर कुछ देर बाद ख़ुद को बहुत अकेला महसूस करने लगता हूँ। यहाँ कोई भी नहीं था जिससे यह कह सकता कि मुझे बहुत डर लग रहा है। मुझे डर है कि मेरा यहाँ आना, 'तितली' का लिखा जाना सब व्यर्थ साबित होगा। मैं अपने डर को भगाने के लिए बार-बार उस कविता को पढ़ता हूँ जो अभी-अभी मैंने लिखी थी। इसी कविता का सहारा लेकर मैं कुछ क़दम और आगे बढ़ाता हूँ। बहुत लंबा घूमकर जब भी अपने कमरे पर वापस आता हूँ तो लगता है कि हाथ ख़ाली हैं। सारा कुछ मेरी पकड़ से बाहर दिखाई दे रहा था। जब सो जाता हूँ तो मेरे सपनों में तितली आती है जो कोपेनहेगन की उन गलियों में विचर रही होती है जहाँ मैंने अभी तक क़दम नहीं रखा है।

कोपनहैगन के एक कैफ़े में बैठे हुए मैं लोगों का आना-जाना ताकता हूँ। मेरे सामने लैपटॉप खुला पड़ा है। बग़ल में एक बड़े कप में गर्म काली कॉफ़ी से भाप उठ रही है और उँगलियों में सिगरेट फँसी हुई है। हर छोटी हरकत आँखें पकड़ रही होती है। मैं उस स्थिरता की तलाश में हूँ जब शब्द अपने लिखे में बहना शुरू कर दें। लेखन की स्थिरता भीतरी है, बाहरी नहीं। मैं कुछ लिखने की कोशिश करता हूँ पर होंठ कभी सिगरेट का कश लेने में व्यस्त हो जाते हैं तो कभी हाथ कॉफ़ी का कप उठा लेता है। मैं वापस लोगों का आना-जाना देखने लगता हूँ।

ऐसे वक़्त अक्सर मैं कामू के बारे में सोचता हूँ। जब वह पेरिस के एक छोटे से कमरे में बैठे हुए The Stranger लिख रहे थे। उस किताब के मूल में उस शहर का उनके प्रति परायापन था जिसने एक अद्‌भुत कहानी को जन्म दिया था। क्या कहानी के ख़त्म होते ही वो परायापन भी ख़त्म हो चुका होगा? फिर मैं निर्मल वर्मा के बारे में सोचने लगता हूँ, 'वे

दिन' कितना ख़ूबसूरत उपन्यास एक सुंदर अकेलेपन से उपजा था! वह उस वक़्त प्राग की सड़कों पर भटक रहे थे। Olivia Laing की The Lonely City में वह न्यूयॉर्क की भीड़ में गहरा अकेलापन महसूस करती हैं और वह उन कलाकारों की खोज में निकल जाती हैं जो न्यूयॉर्क में गहरे अकेलेपन के शिकार थे। कोपनहैगन में मेरा अकेले भटकना जाने कितनी किताबों की याद दिलाता है और जाने कितनी कहानियाँ जो लिखे जाने के इंतज़ार की बली चढ़ गई थीं! पर ऐसी किताबों को याद करके एक ढाढ़स बँधा रहता है। यूँ लगता है कि मैं अकेला नहीं हूँ।

लिखना अमर हो जाने की एक असफल रिरयाती जद्दोजहद है।

उसी कैफ़े में बैठे हुए कई दिन बीत जाते हैं और फिर एक दिन इंतज़ार ख़त्म होता है। कॉफ़ी, सिगरेट और हल्की ठंड के बीच लिखना शुरू होता है। काश, ये जो स्थिति है, जिसमें अचानक लिखना शुरू हो जाता है, मैं इस स्थिति को याद रख लूँ। जब लिखने में समय, स्थिति और जगह सब ग़ायब हो जाती हैं, जब किसी भी क़िस्म की कोशिश नहीं करनी पड़ती है, जब सारा कुछ अपने आप इस गति से घर कर रहा होता है कि आप ख़ुद को लिखता हुआ देखते हैं और असल में आपको लगने लगता है कि लिख कोई और ही रहा है, कॉफ़ी का स्वाद कुछ ज़्यादा ही कमाल हो जाता है। हर सिगरेट का कश एक पूरी सिगरेट पीने के बराबर लगता है और चेहरे पर लगातार एक मुस्कुराहट बनी रहती है!

ऐसे में लगता है कि इस अकेलेपन की ठंड में लेखन की हल्की गुनगुनी नदी मेरी आँखों के सामने बह रही है। इन ठंडे शुष्क दिनों में मैं उस नदी में छलाँग नहीं लगाता हूँ। मैं बस अपने हाथ डालकर कुछ वाक्यों, कुछ चित्रों को बीन लेता हूँ। मैं इस ठंड में उस गुनगुनी नदी की

वजह से कुछ पन्ने गरमाहट के लिखता हूँ। जब लेखन की गुनगुनी नदी सामने से बह रही होती है तो मैं उसमें नहाता नहीं हूँ। मैं उसका गुनगुनापन अपने लिखे में चखना चाहता हूँ। उसके चखने में, मैं उस नदी के उद्गम और अंत दोनों तक पहुँच पाता हूँ। मेरे शब्द मुझे छलाँग लगाते दिखते हैं और वाक्य नहा रहे होते हैं। ठीक इस वक़्त मैंने एक फूल के बारे में लिखा है और उसकी आती हुई ख़ुशबू को भीतर तक महसूस किया है। अब मैं आशा करता हूँ कि तितली उस फूल पर आकर बहुत जल्द बैठेगी।

यात्राओं के भीतर रहकर लिखना बहुत ही अलग अनुभव है। इसमें यात्रा के बाहर के लेखन को भी किसी तरह यात्रा का हिस्सा होना पड़ता है, वरना वो लेखन झूठा सुनाई देता है। यात्रा के बाहर का लेखन बहुत दिलचस्प होते हुए भी यात्रा में कुछ देता नहीं है, और जो भी बेमतलब-सा यात्राओं के भीतर रहकर मैं लिख रहा होता हूँ उसका अजीब आकर्षण बना रहता है। क्योंकि यात्राओं में सारा कुछ क्षणिक लगता है, बिल्कुल हमारे जीवन की तरह। जैसे यहाँ एक दिन का बीतना कभी-कभी एक जीवन के बीतने-सा लगता है, तो कभी शहर के किसी कैफ़े में बैठे हुए एक मिनट को रेंगते हुए देखने पर लगता है कि समय के कीड़े हर सैकेंड आपके शरीर से होकर गुज़र रहे हैं। क्या गुज़र रहा है और क्या रह जाता है। पर कितना कुछ लिखा जा सकता है। ऐसे में जब भी मैं यात्राओं के बाहर का कुछ लिखने की कोशिश करता हूँ तो मेरे भीतर से यात्रा करने वाला शख़्स मुझे छोड़कर चला जाता है।

कोपनहैगन में रहते हुए बहुत दिन हो चुके हैं। अब लिखने ने भी एक गति पकड़ ली है। लिखते हुए लग रहा है कि चीज़ें अपनी गति में कहीं नहीं पहुँचते हुए भी किसी तरफ़ धीरे-धीरे खिसक रही हैं। अकेले यात्रा

करने में एक बात जो मुझे बहुत कमाल लगती है वो यह है कि आप हमेशा प्रतीक्षा में होते हैं। जब भी कोई शख़्स आपसे मिलता है, कैफ़े में, पब में, रास्ते के किनारे बेंच पर बैठे हुए तो आप उसका अभिवादन ऐसे करते हो जैसे आप उससे ही मिलने सात समुंदर पार आए हो। अब चूँकि मैं लेखक हूँ तो मेरे भीतर तुरंत ही एक क़िस्म की कहानी शुरू हो जाती है उस शख़्स को लेकर। मैं हमेशा कहता हूँ कि मेरी क़िस्मत यात्राओं में कमाल की होती है। मैं अधिकतर ऐसे ही लोगों से मिल रहा होता हूँ जिन्हें देखकर लगता है कि इन्हें कह दूँ कि आप तो मेरे पात्र हो... मैं अपने लेखन में कब से आपका इंतज़ार कर रहा था!

अपने लिखने में भटकते हुए कुछ नया पा जाना भी मैंने अपनी यात्राओं से ही सीखा है। मुझे हमेशा से यात्रा का सुख तभी आना शुरू होता है जब उसमें मैं भटका हुआ महसूस करने लगता हूँ। जैसे अपने लिखे के बीच में कहीं और भटकने पर पता चलता है कि असल में हमारे भटकने के लिए रास्ते ही रास्ते हैं। इतने कि कभी-कभी तो आश्चर्य होता है कि कहाँ-कहाँ और किस-किस जगह से होकर निकलते हैं ये रास्ते! और यही वो रास्ते हैं जो हमारे घरों तक भी पहुँच जाते हैं। अभी कोपनहैगन के इस जंगल में खड़े होकर मैं जिस रास्ते को देख रहा हूँ वो असल में मेरे घर तक भी जाता है। ये सोचने में भी मुझे कितना सुख मिल रहा है! हमारे घरों से निकल रहे रास्ते को अगर हम पकड़ लें तो उसकी संभावनाएँ अनंत हैं। कहीं गुम जाने और ठोकर या धोखा खा जाने का डर यदि हम अपने घरों में छोड़कर निकलें तो ये दुनिया आश्चर्यों से भरी पड़ी है। इस दुनिया के कोई दरवाज़े नहीं हैं, खिड़कियाँ भी नहीं और छत भी नहीं हैं। यहाँ सुविधाओं से भरा आसमान है। जीने की इच्छा से भरे पेड़ आसमान छू रहे हैं और इन सबके बीच में खो जाने की-सी गुदगुदी लिए ढेरों रास्ते हैं। उन रास्तों के बग़ल से चुहल करती पगडंडियाँ गुज़र रही हैं जो कहीं

पहुँचती नहीं हैं और कहीं नहीं पहुँचने में ही यात्रा का असल सुख छिपा है।

अपने भटकने में मैं कभी नहीं मानना चाहता हूँ कि मैं सिर्फ़ यात्री हूँ। ये अजीब है मैं जानता हूँ। ये वैसा ही है जैसे मैं कभी नहीं कहता कि मैं सिर्फ़ लेखक हूँ। क्योंकि जब भी मैंने माना है कि मैं सिर्फ़ लेखक हूँ तो हर शब्द मुझे भारी लगने लगता है। एक वाक्य से दूसरे वाक्य पर कूदना आत्महत्या करने का भ्रम देता है। वैसे ही जब मैं कहता हूँ कि मैं सिर्फ़ यात्रा कर रहा हूँ, तो यात्री होने के छद्म में फँस जाता हूँ। भटकने निकलता हूँ तो घर के आँगन में पड़ी बिल्ली-सा धूप सेंकता दिखता हूँ।

मैं हमेशा से बिना माने सारा कुछ जी लेने चाहता हूँ। इसलिए जीवन की संभावनाओं के फीके खाने में ख़ुद की संभावनाओं को नमक-सा छिड़कते रहता हूँ। मैं अपने यात्री, अभिनेता, निर्देशक और लेखक होने में 'सिर्फ़' शब्द को ग़ायब रखता हूँ।

इच्छाएँ

बचकानी-सी हैं
छोटी चिंदी-सी
किसी पुरानी पड़ गई दीवार के ठूँठ पर टँगी हुई हैं ये
अब तुमने कहा है तो बता रहा हूँ
ये मेरी इच्छाएँ हैं;
इच्छा है कि अगर हम आँखें बंद करें तो हमें मृत्यु की तालीम मिले
सुबह की पहली अंगड़ाई लें और बग़ल में एक प्याली गर्म चाय दिखे
खिड़की से किसी पेड़ के दिख जाने में
सिर्फ़ पेड़ न हो
उस पेड़ पर चिड़िया के घोंसले हों
और उन घोंसलों से चिड़िया के बच्चे
अपनी पहली उड़ान का पहला क़दम रखते दिखें
कुछ अपनेपन के स्पर्श हों
आँखों में कोमल सपनों-सी झलक हो
हथेली में तिल जैसी क़िस्मत न हो
पर खुरदुरे हाथों में तुमसे एक बार और मिल पाने की रेखा सुरक्षित रहे
हमारी बेबाक हँसी हमेशा आज़ाद सुनाई दे

कहीं भी चल देने की यायावरी में
हर पड़ाव की ज़िद बड़ी हो
एक हमारे घर का सपना हो
जिसकी खिड़कियाँ खुली हों
खुले दरवाज़ों-सी दीवारें हों
आसमान नाम की छत हो
और वहाँ बादलों से बने हाथी और घोड़ों की ढेरों कहानियाँ हों
उन कहानियों में बस तारों के नाम रिक्त हों
जिन्हें तुम हर बार नए नामों से भर दो
हर नाम के पीछे की मैं तुम्हें एक नई कहानी सुनाऊँ
और हर कहानी के अंत होने के पहले काश तुम सो जाओ
रोज़ कहानियों के अंत का दरवाज़ा बंद करने के बजाय
हम ठीक उसके बग़ल में पड़ी सपनों की खिड़की से बाहर कूद जाएँ
उन सपनों में
मैं सुनना चाहता हूँ कि तुम किसका नाम लोगी ?
मेरा, या तारों का
अगर तुमने तारों का नाम लिया
तो वो कहानी मैं लिखना चाहूँगा
पर अगर तुमने मेरा नाम लिया
तो मेरा
ये कविता लिखना व्यर्थ हो जाएगा।

पतझड़

पहली बार मेरे लिखे में मौसम मुख्य भूमिका अदा कर रहा था। इस किताब को लिखने के पहले अगर कोई मुझसे पूछता कि आप पतझड़ को कैसे देखते हैं, तो शायद मैं कहता कि पतझड़ को देखने की आँखें मेरे पास नहीं है। पर जब मैंने 'पतझड़' लिखा तो पता चला कि पतझड़ उसके बदलते रंगों में नहीं हैं। पतझड़ हर झड़ रही सुंदरता को महसूस करने में है। लिखते हुए मुझे लगा कि पत्तों के झड़ जाने के बाद का नंगा पेड़ त्रासदी न होकर किसी कोरे पन्ने के सामने बैठे हुए नए मौसम के आने का इंतज़ार है। जैसे हर अंत का दरवाज़ा जब बंद होता है, तो उसके ठीक बग़ल में एक नई शुरुआत की खिड़की खुली मिलती है। इसी खिड़की को लाँघकर मैंने पतझड़ जिया है।

अब इस किताब के पन्ने पलटता हूँ तो यक़ीन नहीं होता है कि ये मैंने ही लिखी है। इतने सारे शब्द, वाक्य संरचना, लोग, शहर, मैं कैसे लिखता गया था! नहीं, वह मैं नहीं था। मुझे याद नहीं है कि मैंने ये सब कब दर्ज कर लिया था! मैं किताब खोलता और किसी भी पन्ने पर रुककर उसे टटोलने लगता। उन दिख रहे वाक्यों को छूने की कोशिश करता कि कहीं मुझे इनमें मेरे जिए हुए का यक़ीन मिल जाए! पर वो वाक्य पन्नों पर मेरा आश्चर्य लिए पड़े रहते। ये कोपेनहेगन की मेरी यात्रा के वक़्त का लेखन

था। मैं उस वक़्त तीन किताबें लिख रहा था। 'तितली', 'टूटी हुई बिखरी हुई' और 'पतझड़'। मुझे याद है कि मैंने अंत में 'टूटी हुई बिखरी हुई' को बीच में ही छोड़ दिया था। उन दो महीनों में मैं एक लेखन से दूसरे लेखन में कूदने में गहरी थकान महसूस कर रहा था। 'तितली' और 'पतझड़' का लिखा जाना थोड़ा सहज था क्योंकि दोनों ही उसी दुनिया के उपन्यास थे। पर इस सारे लेखन के बीच पतझड़ का लिखा जाना मैं भूल गया था। शायद इसीलिए जब मैं इसे आख़िरी बार संपादित कर रहा था तो सुखद आश्चर्य में बना हुआ था। बार-बार मुँह से निकल रहा था कि बहुत ही अच्छा हुआ जो मैं पतझड़ को लिखता रहा था। ये कितना दुखद होता अगर लिखने की थकान में मैं इसे बीच में छोड़ देता!

ये कहते ही मैंने अपना लैपटॉप खोला और अपने पुराने अधूरे लेखन को देखने लगा। जाने कितनी वर्ड फ़ाइल के फ़ोल्डर साल-दर-साल के बने हुए फ़ोल्डरों में फँसे पड़े थे। इन्हें मैं समय रहते पूरा नहीं कर पाया था। मेरे लिखने की थकान में मैंने इन्हें बीच में ही छोड़ दिया था। अब कोशिश करता हूँ तो लगता है मैं वह आदमी नहीं रह गया हूँ जिसने इन्हें शुरू किया था। तो मैं कैसे अचानक इन्हें पूरा करके इसे अपना लेखन कह सकता हूँ! काश कोई जगह ऐसी होती जहाँ जाकर इन अधूरी चीज़ों को मैं सिरा सकता! बहा देता। कोई ऐसा दरख़्त होता जिनके नीचे इन्हें दफ़्न किया जा सकता!

काश ये सारी अधूरी लिखी कहानियाँ मेरे लैपटॉप के फ़ोल्डरों के बजाय किसी घने पेड़ का हिस्सा होतीं और पतझड़ आते ही ये सारी की सारी अधूरी कहानियाँ टूटकर झड़ गई होतीं!

सुबह का चाँद

वह नहाकर निकली थी। उसने तौलिए को अपने शरीर के चारों तरफ़ लपेटा हुआ था। उसने देखा कि उसके कमरे की खिड़की का पर्दा खुला पड़ा है। वह तुरंत उसे बंद करने के लिए खिड़की के पास गई और तभी उसे खिड़की से चाँद दिखाई दिया। सुबह हो चुकी थी पर चाँद अभी भी आसमान में टँगा हुआ था। उसे लगा ये सुबह का चाँद भटक गया है। उसे याद नहीं आया कि पहले कभी सुबह उसने इस तरह भटका हुआ चाँद देखा हो। वो चाँद उसे इस क़दर साफ़ दिखाई दे रहा था मानो अभी भी रात ही हो। वह देर तक उसे देखती रही। उसने अपना फ़ोन उठाया और उस चाँद की एक तस्वीर खींच ली। उसने तस्वीर देखी, उसमें चमकता हुआ चाँद साफ़ दिखाई दे रहा था। उसे लगा सच में चाँद को कोई अंदाज़ा नहीं था कि सुबह हो चुकी थी, ये उसके लिए एक बचकाना आश्चर्य था। उसने उस तस्वीर को ज़ूम किया और चाँद को देर तक देखती रही। फिर उसने खिड़की का पर्दा बंद किया। उसकी इच्छा हुई कि वह सुबह के चाँद की तस्वीर उसे भेजे। क्या सोचेगी वह ये तस्वीर देखकर, वह सोचने लगी। क्या उसे भी उसकी तरह चाँद के भटक जाने का एहसास होगा! फिर उसने सोचा वह तस्वीर के साथ लिखेगी कि क्या सुबह का चाँद देखा तुमने? जवाब में शायद वह इस तस्वीर की तारीफ़ में कुछ वाक्य लिख

दे। उसने उसका जवाब बड़बड़ाया- चाँद की नींद देर से खुली है शायद। फुसफुसाते हुए शब्द ज्यों ही उसके मुँह से निकले, उसे उसका चेहरा याद हो आया। वह आईने के सामने आकर खड़ी हो गई थी। वह ख़ुद को देखने लगी। वह आज कुछ अलग लग रही थी। उसने चाँद की तस्वीर उसे भेजी, पर कुछ लिखा नहीं। फिर वह उसके जवाब का इंतज़ार करने लगी। जब देर तक उसका कोई जवाब नहीं आया तो उसने उदास होकर ख़ुद की शक्ल आईने में देखी। वह उस उदासी में भी बहुत उदास नहीं लग रही थी। उसने तौलिया अपने शरीर से अलग किया। उसे आज अपना शरीर भी बहुत अलग लग रहा था। वह कुछ क़दम आईने के पास चली गई। उसने ख़ुद को कभी बिना कपड़ों के इस तरह निहारा नहीं था। उसने अपनी एक तस्वीर ले ली। उसने ज़ूम करके देखा तो उसके चेहरे की उदासी उसे साफ़ दिखाई दे गई। उसने उस तस्वीर को डिलीट कर दिया। फिर उसने दूसरी तस्वीर खींची। इस बार वह मुस्कुरा रही थी। फिर उसने तस्वीर ज़ूम की, गीले बालों से घिरे चेहरे पर मुस्कुराहट उसे अच्छी लग रही थी। फिर उसने तस्वीर को क्रॉप किया। नग्न शरीर हटाकर, उस तस्वीर में उसने सिर्फ़ मुस्कुराता चेहरा ही रहने दिया। कुछ देर सोचने के बाद उसने अपने मुस्कुराते चेहरे की तस्वीर भी उसे भेज दी। फिर उसने तुरंत अपने फ़ोन को ख़ुद से अलग किया और जल्दी से कपड़े पहनने लगी।

तभी उसके फ़ोन पर मैसेज की घंटी बजी, नोटिफ़िकेशन में ऊपर ही चमकता हुआ उसका नाम उसे दिखा। 'असल चाँद तो दूसरी तस्वीर में दिख रहा है। तुम्हें पता है न कि तुम बहुत सुंदर हो!' मैसेज में लिखा था।

वह फुसफुसाते हुए उस मैसेज को बार-बार पढ़ने लगी थी और उसे अपने पढ़ने में उसकी आवाज़ सुनाई देने लगी थी। 'तुम्हें पता है न कि तुम बहुत सुंदर हो'—उसे पता था कि अगर वह उसके पास होती तो वह कैसे बोलती ये वाक्य। उसने मन में अपना जवाब दोहराया- 'तुम्हारे

जितनी सुंदर नहीं हूँ मैं?' पर वह उसे मैसेज में लिख नहीं पाई। उसने फिर दोहराया, 'तुम्हारे जितनी सुंदर नहीं हूँ मैं' पर फिर उसे लिख नहीं पाई। उसने अपने फ़ोन को दूर रख दिया। कपड़े पहनकर उसने खिड़की का पर्दा खोला। सुबह का उजाला चारों तरफ़ फैल चुका था। चाँद इतना धुँधला हो चला था कि अब उसका दिखना और नहीं दिखना एक ही बराबर था। चिड़ियों के चहकने में शहर की गाड़ियों का हॉर्न शामिल हो चुका था। वह अपने कमरे से निकलकर किचन में गई।

"बहुत देर लग गई नहाने में! चाय दे दो भई, कब से इंतज़ार कर रहा हूँ।"

बाहर दालान में रवि अख़बार लिए बैठा हुआ था। वह तेज़ क़दमों से किचन में चली गई और अपने पति के लिए चाय बनाने लगी। तभी उसके फ़ोन में मैसेज की घंटी बजी। उसे फिर उसका नाम ऊपर ही दिख गया। उसने मैसेज खोला।

'तुम ठीक हो?'

उसने तुरंत जवाब में लिखा, 'हाँ, मैं ठीक हूँ' और मैसेज भेजकर फ़ोन को साइलेंट पर कर दिया। चाय बनाते हुए वह सोचने लगी—मैं ठीक हूँ क्या? ठीक होना कितना दयनीय है! कितनी त्रासदी भरी है ठीक बने रहने में! वह अपने दिए जवाब को बुदबुदाने लगी थी। फिर उसने सोचा कि क्या उसे मेरे ठीक बने रहने में कोई दिलचस्पी है? चाय के उबलते पानी में उसने अदरक और इलाइची डाले। उसे आज तक समझ नहीं आया कि लोग चाय में इलाइची क्यों डालते हैं! कितना अजीब स्वाद हो जाता है चाय का, पर रवि को इलाइची वाली चाय पसंद है सो उसे वो डालनी पड़ती थी! शक्कर और चायपत्ती डालने के बाद उसने अपना फ़ोन वापस उठाया। कुछ देर बाद उसने अपनी क्रॉप की हुई तस्वीर को वापस रिवर्ट किया। अब उसकी वो मुस्कुराती हुई नंगी तस्वीर उसे फिर

से पूरी दिखने लगी थी। उसने कुछ देर की झिझक के बाद, अपनी बिना कपड़ों वाली तस्वीर उसे भेज दी। भेजने के बाद वह देर तक फ़ोन को देखती रही थी। उसने देखा कि दूसरी तरफ़ वह ऑनलाइन थी, मतलब वह तस्वीर देख रही थी। पर वह कोई जवाब नहीं दे रही थी। उसने टाइप किया कि 'क्या हुआ, तस्वीर ठीक नहीं लगी?' पर ये मैसेज वह भेज नहीं पाई। उसने देखा कि वह ऑनलाइन से ऑफ़लाइन हो गई थी।

"चाय बन गई?" बाहर से रवि की आवाज़ आई थी।

उसने गैस पर रखी हुई चाय को देखा। चाय जल चुकी थी। उसने तुरंत एक कप पानी उस जली हुई चाय में डाल दिया, फिर थोड़ा दूध डाला और एक उबाल देकर उसे छान लिया। चाय आते ही रवि ने अख़बार को बग़ल में रख दिया और चाय का एक घूँट लिया।

"आह! आज तुमने सबसे अच्छी चाय बनाई है।"

रवि की तरफ़ देखकर उसने मुस्कुरा दिया और तुरंत किचन में वापस आ गई। उसने फ़ोन देखा तो वहाँ किसी का कोई जवाब नहीं आया था। उसका लिखा हुआ, 'क्या तस्वीर ठीक नहीं लगी?' मैसेज की चैट में बिना भेजे उसे पड़ा दिख रहा था। उसने send का बटन दबाया और उस मैसेज को भेज दिया। उसे इस वक़्त वो चाँद याद नहीं था जिसे सुबह-सुबह देखकर वह ख़ुश हो गई थी। उसे इस वक़्त, हफ़्ते भर पहले बिताई वो दोपहर याद नहीं थी जिसमें वह उसके जिस्म से चिपकी पड़ी थी। क्या सोच रही होगी वह? रवि क्या सोचेगा अगर मैंने उसकी चाय में इलाइची नहीं डाली तो? मेरे पिता को कैसा लगता अगर मैं शादी के लिए मना कर देती? मेरी माँ क्यों मेरी हर पक्की सहेली से चिढ़ती थी? क्यों मैं इलाइची वाली चाय पीने लगी हूँ? क्यों मैं बेडरूम में रवि को कभी मना नहीं कर पाती हूँ?

उसने अपने कानों पर हाथ रखा, पर भीतर से उठ रही आवाज़ें शांत

होने का नाम नहीं ले रही थीं।

"कप ले जाओ भई!" रवि की आवाज़ आई।

वह कप लेने के लिए किचन से निकलने को हुई कि तभी उसका फ़ोन वाइब्रेट हुआ। उसने देखा कि उसी का नाम चमक रहा था। उसके सारे सवाल, वो सारी आवाज़ें, उसके दिमाग़ से ऐसे ग़ायब हो गए मानो वो सारे सवाल कबूतर हों और उसका मैसेज वो तेज़ बजाई हुई ताली जिससे डरकर वो सारे कबूतर उड़ गए हों। उसने मैसेज नहीं देखा, वह चाय का कप लेने दालान में चली गई थी। दालान में रवि ने उसे अपने पास बिठा लिया था। वह फिर अपने भविष्य की बातें उससे करना चाहता था। वह चाय का ख़ाली कप लिए रवि के बग़ल में बैठ गई थी। रवि की बातों में उसे लगने लगा था कि कबूतर उड़कर वापस आ रहे थे। उसे वापस, अपने ग़ायब हो चुके सवालों का फड़फड़ाना सुनाई देने लगा था। उन आवाज़ों की गुटरगूँ उसके कानों में बजने लगी थी। जब उसके भीतर कबूतरों की भीड़ जमा हो गई तो उसने अचानक बहुत ज़ोर से ताली पीट दी थी। सारा आसपास, सवाल, आवाज़ें, रवि, कबूतर, सबकुछ, कुछ देर के लिए ही सही, पर शांत हो गए थे। वह उस शांति में, सुबह दिख रहे बचकाने चाँद-सी, कुछ साँस आश्चर्य के ले रही थी। फिर सारा-का-सारा असल जीवन, वापस अपने शोर में उसे निगल रहा था... मानो सुबह का चाँद महज़ एक छलावा हो।

निर्मल

बीस साल की उम्र में पहली बार मेरे हाथ 'लाल टीन की छत' लगी थी। मैं दस पन्नों के आगे नहीं बढ़ पाया था। उसमें कहानीनुमा कुछ भी नहीं दिखा था। न मज़ेदार-से चुलबुले वाक्य और न ही चौंकाने वाले मोड़। शायद उस वक़्त नाटक करने के शुरुआती दिनों में हर नाटकीय चीज़ अपनी तरफ़ खींचती थी।

बंबई में आते ही किसी ने फिर वही किताब पकड़ा दी। काम था नहीं और वक़्त बिना किनारा लिए एक अंतहीन समुद्र की तरह फैला पड़ा रहता। उन दिनों दूसरों से मिली हुई किताबें ही सहारा थीं। मुझे याद है मैं 'लाल टीन की छत' दो बार पढ़ गया था। मेरे बिखरे पड़े वक़्त में निर्मल वर्मा का समय ऐसे आकर गिरा मानो लगा कि मेरे भीतर के थमे हुए तालाब में कोई सूखा पत्ता आकर गिरा हो। उस सूखे पत्ते की लहरें ऐसे उठ रही थीं मानो उससे ज़्यादा नाटकीय मैंने कभी कुछ देखा ही न हो। अप्पा पाड़ा, मलाड की चॉल में मैं शिमला की सर्दी महसूस कर सकता था। उस किताब का असर इतना गहरा हुआ था कि आज भी जब मेरे सपने में मेरा घर आता है तो उसकी छत मुझे लाल ही दिखती है। उस किताब को पढ़ने के बाद हाल ये हुआ कि मुझे जहाँ भी निर्मल वर्मा का लिखा नज़र आता। मैं अपने दोस्तों से पैसे उधार लेकर उनकी किताबें हथिया लेता,

उनकी कहानियों, निबंधों, यात्रा-संस्मरणों को मैं कुछ इस तरह पढ़ता मानो उनके साथ विचरण कर रहा हूँ। या यूँ कहूँ कि उन्होंने इस तरह लिखा था कि लगता है आप उन्हें पढ़ते नहीं हो, आप उनके साथ एक लंबी सैर पर निकल जाते हो और वो आपके कानों में अपना लिखा हुआ फुसफुसा रहे होते हैं। 'धुँध से उठती धुन' को मैं भटक चुके यात्री के नक़्शे-सा, सालों अपने साथ लिए घूमता रहा था। उनकी किताबों को पढ़ते हुए मुझे हमेशा लगता था कि मैं कितना प्यासा हूँ! मुझे किताबें पढ़ने की कितनी भूख थी ये मुझे ही नहीं पता था।

मुझे याद है मैंने भवाली की एक चाय की दुकान में बैठकर 'कौवे और काला पानी' पढ़ी थी और जब उस दुकान से बाहर आया तो भवाली मेरे लिए बदल चुका था। वो गर्मियों में बारिश से भीगा पड़ा था।

मुक्तेश्वर से अल्मोड़ा, जंगल के रास्ते पैदल चला, जहाँ से कभी निर्मल गुज़रे थे। उनकी किताबें लिए मैं प्राग पहुँच गया। पर पता नहीं क्यों शिमला, लाल टीन की छत, जहाँ से उन्हें जानने की यात्रा शुरू हुई थी, वहाँ जाना स्थगित ही बना रहा।

फिर एक अजीब घटना हुई। जिसका ज़िक्र मैंने बहुत कम ही किया है- वह मुझे दिखने लगे थे। पहाड़ों पर टहलते हुए, मेरे घर की बालकनी पर चाय पीते हुए या कभी देर रात मेरे साथ ड्रिंक साझा करते हुए। मैं सारा इधर-उधर का पढ़ते हुए बार-बार निर्मल पर वापस आ जाता। जैसे सारी यात्राओं के बाद थककर वापस अपने घर आ जाता हूँ। पर अब बात सिर्फ़ उनके दिखने तक सीमित नहीं रह गई थी। मैं उनसे संवाद भी करने लगा था। यह सारे संवाद अपने भीतर पड़े सूखे कुएँ के लिए बाल्टी ख़रीदने की आशा जैसे थे। मेरे लैपटॉप में एक फ़ोल्डर है निर्मल के नाम से, जिसमें सालों के हमारे संवाद मैंने दर्ज कर रखे हैं। कभी-कभी उसे

खोलकर पढ़ता हूँ तो हँसी आ जाती है और साथ ही साथ उस समय के सृजन की उथल-पुथल नज़र आने लगती है।

बंबई में जब नाटकों का लेखन शुरू किया ही था तब मेरे हाथों से 'अंतिम अरण्य' छूटती नहीं थी। इसी किताब के कारण मैंने हमारे थिएटर ग्रुप का नाम अरण्य रखना तय किया था।

निर्मल से चले आ रहे संवाद मेरे लैपटॉप के निजी फ़ोल्डर से निकलकर एक दिन एक नाटक में प्रवेश कर गए थे। मैंने 'Red Sparrow' नाम का नाटक लिखा, जिसमें निर्मल, Bukowaski, विनोद कुमार शुक्ल, रसकोलनिकोव, काफ़्का पात्रों के रूप में प्रवेश कर गए थे। यहाँ तक कि मैंने निर्मल की एक पात्र 'काया' को भी अपने नाटक का हिस्सा बना डाला था। ज़ाहिर है वो नाटक किसी की समझ नहीं आया था।

अब इतने सालों बाद भी सोचता हूँ कि ऐसा क्या है कि मैं बार-बार उनकी कहानियों, संस्मरणों के पास वापस जाता हूँ। निर्मल कहीं लिखते हैं— 'वेस्ट में अकेलापन एक स्थिति है जबकि हमारे यहाँ हमें अकेलापन चुनना पड़ता है और इसके लिए आपको कोई माफ़ नहीं करता, ख़ासकर आपके अपने।' (शायद ऐसा कुछ जितना मुझे अभी याद पड़ रहा है)

हम अपने अकेलेपन को लेकर हमेशा द्वंद्व में रहते हैं। इसे हम सामान्य स्थिति के रूप में कभी स्वीकार नहीं कर पाते हैं। जब कोई सवाल करता है कि आप अपने अकेलेपन को कैसे देखते हैं, तब हम बख़ूबी अपने अकेलेपन को रोमैंटिसाइज़ करके जवाब दे देते हैं। पर जब कठिन परिस्थितियों में अकेलेपन को लेकर हमारे भीतर सवाल पैदा होते हैं कि मैं

अकेले क्या कर रहा हूँ? ऐसे वक़्त में सारे जवाब हमारे वश के बाहर होते हैं। हम किसी भी एक चीज़ को पकड़ लेना चाहते हैं ताकि अपने गहरे अकेलेपन में डूब न जाएँ। पर ऐसे वक़्त में कुछ भी हाथ नहीं लगता है। यूँ महसूस होता है कि अपनी निजी यात्रा में हम ग़लत स्टेशन पर उतर गए थे। अब जिस शहर का हम हिस्सा होना चाहते थे वो शहर नहीं है जंगल है। हमने जंगल क्यों चुना?

ऐसी हर स्थिति में मैंने ख़ुद को निर्मल की शरण में पाया है। उनकी किसी भी किताब को खोलते ही लगता है, हमें हमारे जंगल में एक छोटा कॉटेज मिल गया है, जहाँ हम अपने अकेलेपन में पूरी तरह सुरक्षित हैं।

कुछ साल पुरानी बात है कि एक काम के सिलसिले में मैंने ख़ुद को शिमला में पाया था। बारिशों के दिन थे। धुँध के कारण पूरा शहर किसी पीली पड़ गई श्वेत-श्याम तस्वीर-सा नज़र आ रहा था। अपने कमरे में सामान पटककर मेरे पैर सीधे 'लाल टीन की छत' की तरफ़ बढ़ने लगे। मुझे ठीक-ठीक नहीं पता था कि उनका घर कहाँ है मगर मैं यह जानता था कि मैं उसी ओर चल रहा हूँ। लोगों से उनके घर का पता पूछते हुए मैं अजीब-सी झेंप महसूस का रहा था, मानो मैं अपने ही घर का पता पूछ रहा हूँ। जब भी लोग कहते कि नीचे जाते जाइए और अंत में दाएँ मुड़ जाइएगा तो मैं सोचने लगता कि कितनी ही बार वह इसी रास्ते से ऊपर की तरफ़ आए होंगे। अंत में मैं उनके घर के सामने खड़ा था।

एक बोर्ड पर नज़र पड़ी जो किसी खंडहर की दीवार के सामने आधा गिरा हुआ पड़ा था। जिस पर निर्मल के बारे में थोड़ी जानकारी थी। एक गहरा दुख हुआ उस बोर्ड की हालत देखकर। पर हमारे देश में हमारे लेखकों और कलाकारों को भुला दिया जाना बहुत आम बात है। इसे अपने बिल्कुल निजी दुख-सा मानकर, जिसका कोई उपचार नहीं है, मैं

आगे बढ़ गया।

मैं 'लाल टीन की छत' वाला घर तलाश रहा था। यह वो घर नहीं था। मैंने आसपास हर जगह झाँका पर कहीं भी लाल टीन की छत नज़र नहीं आई। ऐसा कैसे हो सकता है? क्या लाल टीन की छत वाला कोई घर था ही नहीं? क्या निर्मल ने उस घर की कल्पना की थी? मैं ये सोचकर टूटने लगा था।

पास में ही एक हलवाई की दुकान पर मैं चाय पीने बैठ गया। एक आख़िरी बार की अपनी कोशिश में मैंने उनसे पूछा कि यहाँ लाल टीन की छत का एक मकान हुआ करता था उसका क्या हुआ? तो उन्होंने बताया कि ये बग़ल वाले मकान की छत पहले लाल टीन की ही थी जिसे कई साल पहले हरे रंग से रंग दिया गया था। मैंने अपनी चाय वहीं छोड़ी और उस घर की तरफ़ भागा। उसे देखते ही मैं पहचान गया था। यह वही था। बिल्कुल वही। अप्पा पाड़ा, मलाड की चॉल में जिस मकान के भीतर टहलते हुए मैंने ठंड महसूस की थी।

मैं उस बंद घर के गेट को लाँघकर भीतर घुस गया। वही सीढ़ियाँ, वही गलियारे। मैं काया को लकड़ी की सीढ़ियों पर बैठा देख सकता था। छोटे, शायद अपने कमरे में रज़ाई के अंदर डरे हुए बैठे होंगे। काश इन उपन्यासों का कोई गाइड होता जो हमें उँगली पकड़कर उपन्यास की सारी असली जगहों की सैर करा सकता! काश मैं उस वक़्त यहाँ आता जब इस घर की छत लाल टीन की थी! काश मैं राम होता और निर्मल मेरे छोटे भाई! काश मैं इस वक़्त 'लाल टीन की छत' किताब अपने साथ ले आता तो यहीं बैठकर उसे फिर से पढ़ता!

मैं बार-बार उस हलवाई की दुकान पर चाय पीने बैठता और बार-बार आधी चाय छोड़कर फिर लाल टीन की छत, जो अब हरी थी, को एक बार और देखने चला जाता।

'जिस क्षण आप इंतज़ार करना छोड़ देते हैं,
उस क्षण आप जीना छोड़ देते हैं।' —निर्मल वर्मा

रात में शिमला के एक बार में बीयर पीते हुए मैं इस वाक्य के बारे में सोचता रहा। तो क्या अब वो छूट गए हैं? मेरा इंतज़ार ख़त्म हुआ? जो यात्रा बीस की उमर में 'लाल टीन की छत' से शुरू हुई थी वो अब अपना वृत पूरा कर चुकी है? मैंने इतना रिक्त कभी महसूस नहीं किया था।

बारिश कुछ थम गई थी। पर पहाड़ पर टिमटिमाती घरों की रोशनियाँ अभी भी धुँध की चपेट में थीं। तभी सामने की टेबल पर एक सज्जन, जो पीठ करके बैठे हुए थे, उन्होंने सिगरेट जलाई। मैंने भी अपनी सामने रखी सिगरेट सुलगा ली। उन्होंने एक कश लिया और धुएँ का एक वृत घूमता हुआ मेरी तरफ़ आने लगा। उस वृत के ओझल होते ही वो सज्जन पलटे और मेरी ख़ुशी का ठिकाना नहीं रहा, वो निर्मल थे।

'तुम यहाँ आ सकते हो?' उन्होंने अपने सामने रखी ख़ाली कुर्सी की तरफ़ इशारा किया।

मैं एक बार फिर अपने गहरे अकेलेपन से निकलकर निर्मल की शरण में चला गया था।

हार के संवाद शायद ऐसे होते होंगे

मैं जीत की मुस्कुराहट लिए हमेशा तुम्हारे साथ रहा था पर अपनी हार को मैंने कभी तुम्हारे सामने नहीं आने दिया। आज इतने सालों बाद मुझे लग रहा था कि काश मैं तुम्हें अपना इस वक़्त का चेहरा दिखाऊँ। मैं ठीक इस वक़्त कितना अकेला हूँ! मेरे सारे निर्णय अपनी हार का तमग़ा लिए मुझे ऐसे ताक रहे हैं, मानो वो शुरू से जानते थे कि जीत की ऊपरी मुस्कुराहट के पीछे हार ही असल सत्य है। असल में मेरे जीत जाने के सारे प्रयत्न दलदल में धँसते आदमी की छटपटाहट से ज़्यादा कुछ नहीं थे। तुम्हारे साथ रहते हुए और तुम्हारे चले जाने के बाद भी मैं हार रहा था और हारता ही चला जा रहा था।

मैं चाहता हूँ कि तुम इत्मीनान से मेरा ये वाला चेहरा देख लो जिसे मैंने सालो-साल तुमसे छुपाकर रखा था। एक बार मैं अपनी सारी हारों के साथ नदी के तल में छितरा पड़ा हुआ तुम्हें दिख जाना चाहता हूँ। मैं तुम्हें वो पूरी दास्तान सुनाना चाहता हूँ जिसमें झूठी जीत का मुखौटा लिए कैसे एक आदमी तुम्हारे साथ इतराता फिरता था और अब, जब जीत के सारे झूठे मुखौटे हट चुके हैं तो वह आदमी ख़ुद का चेहरा भी नहीं पहचान पाता है। मैं अभी भी उम्र में तुमसे छोटा हूँ पर शायद हार इंसान को बहुत जल्द बूढ़ा कर देती है। मैं आईनों को देखते ही बिदकने लगता हूँ। हर

कुछ देर में सिर कंधों के बीच धँसने लगता है। जब तक दुनिया का सामना करने के लिए अपना सिर उठाता हूँ, शाम हो चुकी होती है। आख़िरी बार जीत जैसी ख़ुशी मुझे तुम से ही मिली थी। तुम्हारे जाते ही लगा कि वक़्त रेत-सा मेरी मुट्ठी से फिसलने लगा था। आजकल ख़ाली मुट्ठी को भी मैं कसकर बाँधे रहता हूँ। हमेशा लगता है कि कुछ वक़्त अभी भी बचा है। इच्छा है कि जब अपनी हार की गर्त में अचानक तुमसे मिलूँगा तो अपनी मुट्ठी खोल दूँगा, जो वक़्त की रेत मेरे हाथों की रेखाओं में चिपकी रह गई है उसे झाड़कर तुम पर न्योछावर कर दूँगा।

अकेलेपन को समझने में

जब घर से बहुत लंबे समय तक दूर होता हूँ और अगल-बग़ल से गहरे अकेलेपन की सोंधी ख़ुशबू आ रही होती है, ऐसे में मैं घर की तरफ़ मुँह करके खड़ा हो जाता हूँ, और जितनी दूर तलक दिखता है, उतनी दूर देखने की कोशिश करता हूँ। बहुत दूर का एक पेड़ और उसके ऊपर मँडराती एक चील बहुत अपनी-सी लगने लगती है। फिर लगता है कि मैं ऐसा का ऐसा फ्रांस के एक गाँव में भी खड़ा था। स्पेन में भी, न्यूयार्क में भी, कोपेनहेगन में भी। वहाँ बस घर की तरफ़ देखना ग़ायब था। क्योंकि अपने घर की तरफ़ वाली दिशा कौन-सी है ये पता करना बहुत कठिन था। वहाँ अकेलेपन की सोंधी ख़ुशबू में जब भी अपनेपन की गंध मिलने लगती, मैं ख़ुद को उस ओर भागता हुआ पाता।

मैं विदेश की लंबी यात्राओं में भारतीय लेखकों को पढ़ता हूँ और जब मैं अपने घर में रहता हूँ तो विदेशी लेखकों की लंबी लिस्ट ख़त्म करने में लगा रहता हूँ।

ये सारे पैंतरे अकेलेपन को साधने के होते हैं। पर मेरा अकेलापन असाध्य है। अपने अकेलेपन में सहज बने रहने के लिए मुझे इसे अपनेपन की चाशनी चटाते रहना पड़ता है। यूँ तो मैं यहाँ कहता फिरता हूँ कि मेरी दोस्ती अकेलेपन से है। पर असल में मैं क़तई नहीं जानता हूँ इसे। मैं कभी

बहुत वीराने में भटक रहा होता हूँ तो ये ग़ायब हो जाता है, तो कभी भीड़ में अपनों के बीच ये धर दबोचता है। कभी जब मैं बहुत शिद्दत से इसे अपने पास चाहता हूँ तो भीतर विचारों के कोलाहल में ये अदृश्य बना रहता है, तो कभी जब मैं इससे छुटकारा चाहता हूँ तो ये मेरी परछाई-सा मुझसे चिपका ही रहता है। एक तरफ़ इसकी भूख नहीं मिटती तो दूसरी तरफ़ ख़ाली पेट इसे ताकता रहता हूँ। इस अकेलेपन को अगर मैं छूने जाऊँ तो ये छल जाता है और छोड़ दूँ तो बिना टिके हवा में मेरी आँखों के सामने टँगा रहता है देर तक। कई दफ़ा इससे मैंने कट्टी कर ली है। पर ये बचपन की कट्टी-पक्की को अकेलेपन ने कब गंभीरता से लिया है।

अब बस स्थिति ये है कि मैंने इसे इसके पूरे पराएपन से अपना लिया है। जब ये पास दिखता है तो देर तलक बातें करता हूँ इससे, और अगर ये नहीं दिखता तो मैं मानकर चलता हूँ कि अकेलेपन जैसी कोई चीज़ होती ही नहीं है। ठीक ये सब लिखने में वो इस वक़्त मेरे बग़ल में ही बैठा है और मुस्कुरा रहा है। उसे पता है कि मैं उसी के बारे में लिख रहा हूँ। अकेलेपन से क्या ही छुपा है। उसे पता है कि मैं उसकी उपस्थिति से असहज हो रहा हूँ और अधिकतर असहजता में मैं ही उससे बात करना शुरू करता हूँ। पर इस बार मैंने तय किया था कि मैं कुछ नहीं बोलूँगा। मैं बस अपने लिखने पर ही ध्यान दूँगा। कुछ देर बाद उसने पूछा,

'क्या लिख रहे हो?'

मैं— तुम्हारे बारे में।

अकेलापन— बुराई ही कर रहे होगे?

मैं— उसके लिए भी किसी को अच्छे से जानने की ज़रूरत है।

अकेलापन— तो तुम लिख रहे थे कि तुम मुझे जानते नहीं हो? तो अभी मैं क्या कर रहा हूँ तुम्हारे साथ?

मैं— यही तो नहीं जान पाया हूँ मैं कि तुम अभी भी क्या कर रहे हो

मेरे साथ!

अकेलापन— कैसे भगोड़े हो तुम और कितने बड़े कायर हो, जो तुम्हारा साथ दे रहा है उसी की बुराई तुम अपने लिखे में कर रहे हो!

मैं— ख़ैर है कि तुमने 'इस्तेमाल' शब्द यूज़ नहीं किया।

अकेलापन— इस्तेमाल तो सब करते हैं मेरा पर मुझे लेखकों से रश्क होता है।

मैं— क्यों?

अकेलापन— क्योंकि वो कहते कुछ हैं और करते कुछ और ही। दोग़लापन उनमें कूट-कूटकर भरा है। वो मृत्यु के बारे में लिख रहे होते हैं और उनके चेहरे पर मुस्कुराहट होती है। और कभी बहुत व्यंग्य और हास्य लिखने में मैंने उन्हें घनघोर दुखी देखा है।

मैं— लेखक के पास बस इतना ही तो सुख है। उससे क्या रश्क करना!

अकेलापन— जब तुम लिख रहे होते हो तब तो तुम्हें मेरी बहुत ज़रूरत होती है पर लिखना ख़त्म होते ही तुम मुझे एक पल के लिए भी सहन नहीं कर पाते हो? ये क्या दोस्ती है?

मैं— दोस्त नहीं हैं हम।

अकेलापन— कितना कमीनापन है ये!

मैं— I am sorry.

अकेलापन— ये तुमने नया सीखा है।

मैं— क्या?

अकेलापन— ये हर बात पर sorry कहकर अपना पल्ला झाड़ लेना।

मैं— तुम्हें लगता है हम दोस्त हो सकते हैं!

अकेलापन—अब तो इसकी गुंजाइश बहुत कम है।

मैं— अब इस तरह रूठ मत जाओ।

अकेलापन— तुम्हें मेरे रूठने की बड़ी चिंता है? क्योंकि अगर मैं रूठ गया तो तुम मेरा इस्तेमाल कैसे करोगे? है न!

मैं— ओफ़्फ़! तुम मुझे सबसे ज़्यादा परेशान कब करते हो तुम्हें पता है? जब मैं अपने लिखे की शुरुआती कीचड़ में सना होता हूँ। उस वक़्त मैं सबसे ज़्यादा ख़ुद को कमज़ोर पाता हूँ और तुम मेरी उस कमज़ोरी का फ़ायदा उठाते हो। पर जैसे ही मुझे मेरे पात्र साफ़-साफ़ दिखने लगते हैं, मैंने देखा है कि तुम ग़ायब हो चुके होते हो।

अकेलापन— तुम उसे ग़ायब होना कहते हो?

मैं— हाँ, मतलब तुम मुझे फिर दिखाई नहीं देते।

अकेलापन— तुम्हें पता है न कि मैं ही हूँ जो शमी होता जा रहा हूँ और सीमा भी मैं ही हूँ।

मैं— तुम्हें मेरे नए उपन्यास के पात्रों के नाम कैसे पता चले?

अकेलापन— मैं ग़ायब नहीं होता हूँ मैं अय्यार हूँ। मैं तुमपे तरस खाकर अपना भेष बदल लेता हूँ।

मैं— तो क्या तुम सीमा हो सकते हो अभी?

अकेलापन— तुम्हारे कहने से तो कभी नहीं।

मैं— क्यों?

अकेलापन— क्योंकि हम दोस्त नहीं हैं।

मैं— प्लीज़।

अकेलापन— अभी तुम लेखन के शुरुआती हिस्से में हो, अभी तो बहुत भुगतना है। अभी सीमा दूर है।

मैं देर तक अपने अकेलेपन को ताकता रहता हूँ। वो कुछ देर में मुस्कुराता हुआ टहलने निकल जाता है। मैं ग़ुस्से में सीमा के बारे में

लिखना शुरू करता हूँ, पर बिना सीमा के दिखे। मुझे ये दोग़लापन लगता है, अकेलापन सही कहता है कि हम लेखक दोग़ले होते हैं, पर उसे अंदाज़ा ही नहीं है कि हम दोग़लेपन की किस सीमा तक जा सकते हैं। पर यहाँ मैं थोड़ा ईमानदार रहना चाहता हूँ। मैं पात्र की अनुपस्थिति में उसे नहीं लिख सकता हूँ। मैं अपना सारा लिखा मिटाता हूँ और कायाकल्प का इंतज़ार करने लगता हूँ। या तो अकेलापन आए और सीमा में तब्दील हो जाए या मैं ही सीमा हो जाऊँ ? क्या ये मुमकिन है ?

Anne Frank

मैं जवानी के दिनों में अपनी ख़राब अँग्रेज़ी के कारण बहुत सहमा हुआ रहता था। कुछ शब्द, कुछ वाक्य जब पकड़ में आ जाते तो उनका इतना ज़्यादा प्रयोग करता कि लोग कहने लगते—दोस्त बस, हर जगह ये शब्द नहीं पेल सकते हो।

उसी वक़्त मेरे एक दोस्त, जिसकी अँग्रेज़ी बहुत अच्छी थी, उसने मेरी ख़राब अँग्रेज़ी से परेशान होकर मुझे एक किताब पकड़ा दी 'The Diary of a Young Girl by Anne Frank' और कहा कि मुझे बख़्शो, अपनी अँग्रेज़ी ठीक करने के लिए किताबें पढ़ो, वरना अपनी अँग्रेज़ी का अभ्यास यूँ ही अपने दोस्तों पर करते रहे तो एक भी दोस्त नहीं बचेंगे तुम्हारे।

मुझे उसकी बात का बहुत दुख पहुँचा था। दुख में डूबा हुआ जैसे ही मैं अपने घर पहुँचा था मैंने उस किताब को पढ़ना शुरू कर दिया था। शुरुआती कुछ पन्नों में ही इस किताब ने मुझे भीतर से पकड़ लिया था। अगर एक भी शब्द मुझे समझ नहीं आता तो मैं कुलबुलाने लगता। मैं एक डिक्शनरी ले आया। हर पन्ने पर शब्दों के अर्थ मैंने गोद दिए थे। इस किताब को ख़त्म करते ही मैं भूल चुका था कि ये किताब मुझे अपनी अँग्रेज़ी ठीक करने के लिए मिली थी। इसे ख़त्म करते ही मैंने दोबारा इसे

पढ़ना शुरू कर दिया था। उस वक़्त मैं अपने दोस्तों से इसी किताब के बारे में बात कर रहा होता। तभी किसी ने मुझे Anne Frank पर बनी फ़िल्म दी, जिसमें Anne के पिता Otto Frank का रोल Ben Kingsley ने किया था। उस फ़िल्म को देखने के बाद मैंने वापस किताब पढ़ना शुरू किया और इस किताब को पढ़ने के मेरे चित्र ही बदल गए थे। अब Otto Frank किताब में भी मेरे लिए Ben Kingsley थे, Anne Frank का परिवार जिस घर में छुपा था वो घर मुझे फिल्म के ज़रिए दिख गया था। Concentration Camp अब पता था कि कैसा होगा। इस बार किताब पढ़ते हुए लगा ही नहीं कि मैं कोई अँग्रेज़ी किताब पढ़ रहा हूँ। मैं हर जगह Anne Frank की बात ऐसे करने लगा जैसे मैं उन्हें जानता था। जैसे हम साथ खेले थे। लोग 'Anne Frank', जो मेरी पहली अँग्रेज़ी किताब थी, का असर मेरे ऊपर देख सकते थे।

इस बात को क़रीब पच्चीस साल गुज़र गए थे। मुझे लगा था कि मैं Anne Frank को भूल चुका हूँ। मैंने ऐसी कई किताबें पढ़ ली थीं जिनका मुझ पर गहरा असर हुआ था। The Diary of a Young Girl कहीं बहुत पीछे रह गई थी।

फिर अपनी यात्राओं में मैंने ख़ुद को जर्मनी में पाया। मैं एक गाँव में रह रहा था। मेरी बहुत इच्छा थी Concentration Camp देखने की। मुझे पता चला कि Bergen-Belsen Concentration Camp दो घंटे की ड्राइव पर है। मैंने तुरंत प्लान बनाया और अगले दिन ही मैं उस Camp को देखने चल पड़ा।

जब मैं वहाँ पहुँचा तो बारिश हो रही थी। लंबे हरे पेड़ों के परे सारा कुछ स्याह दिखाई दे रहा था। मैं भागते हुए Bergen-Belsen Memorial की बिल्डिंग में प्रवेश कर गया। घुसते ही मुझे जो पहला चित्र दिखा वो था Anne Frank का। उनकी मृत्यु यहीं हुई थी। पच्चीस साल

पहले पढ़ी मेरी किताब के सारे वाक्य मेरे शरीर में दौड़ने लगे। मुझे उस दोस्त का चेहरा याद हो आया जिसने मुझे The Diary of a Young Girl दी थी। मुझे मेरे हाथों में वो किताब दिखी जिस पर Anne Frank का चेहरा था। उस Memorial में Anne Frank के अलावा भी जाने कितने लोगों के चित्रों पर निगाह गई, जिनकी मृत्यु यहाँ हुई थी। मैं एक-एक चेहरे को देखते हुए Anne Frank तक पहुँचा। अंत में मैंने उनकी डायरी की अंतिम एंट्री पढ़ी जो उन्होंने अगस्त 1944 में लिखी थी "Keep trying to find a way to become what I'd like to be and what I could be."

मैंने पूछा कि उनकी क़ब्र कहाँ है? तो उन्होंने बताया कि ये पता करना मुश्किल था कि वो कहाँ दफ़्न की गई थीं इसलिए हमने प्रत्येक रूम में एक क़ब्र बनाई है ताकि लोग अपनी श्रद्धांजलि दे सकें। बारिश थोड़ी कम हो चली थी। मैं भागते हुए उनकी क़ब्र के पास पहुँचा। वहाँ तक पहुँचने में जाने कितनी क़ब्रें मैंने लाँघी थीं। कई जगह पाँच हज़ार लोगों को एक साथ दफ़्न किया हुआ था। अंत में जब मैं Anne की क़ब्र के सामने खड़ा था तो ठंडा पड़ चुका था। भीतर कुछ भी हरकत नहीं हो रही थी। मैं छककर रोना चाहता था पर आँसू किसके लिए निकले, Anne के लिए या उन हज़ारों लोगों के लिए जो यहीं दफ़्न हैं। मैं सबके नाम पढ़ने लगा। हर नाम के पीछे कोई चेहरा होगा, उसका परिवार होगा, उसके सपने होंगे। कैसे Anne की किताब मुझ तक पहुँची थी और मैं उस किताब की वजह से यहाँ खड़े हुए ऐसा महसूस कर रहा हूँ कि Anne मेरे ही जिए हुए का हिस्सा हैं। काश इन सबने किताबें लिखी होतीं! किताबें, कहानियाँ कितनी महत्वपूर्ण होती हैं!

हम युद्ध के बारे में जब भी बात करते हुए पाए जाते हैं तो बातों में एक चलतापन रहता है। पर अगर हम किसी एक जीवन को क़रीब से

देखें जो युद्ध से होकर गुज़रा है, तो शायद युद्ध के प्रति हमारे सारे संवाद बदल जाएँगे।

फिर एक विचार ये भी आया कि क्या इतना ज़ुल्म जो यहूदियों ने सहा है, उन्हें अगर ये पता चलता कि कई सालों बाद उनकी क़ौम इज़राइल में किसी दूसरे मुल्क पर ऐसी ही बरबरता बरत रही होगी, तो क्या वे इस बात पर विश्वास करते? क्या हम इतिहास से कुछ भी नहीं सीखते हैं? जैसे एक आदमी जब बहुत ही ग़रीबी और कठिन परिस्थितियों से गुज़रते हुए अपने जीवन में कुछ बनता है तो वह हमेशा चाहता है कि वह उस ग़रीबी और कठिन परिस्थितियों को कभी अपने बच्चों को नहीं सहने देगा। वह अपने बच्चों को बेहतर संसार देगा। क्या ये मुल्कों और उनकी अवाम के साथ नहीं होना चाहिए? पर ऐसा कभी नहीं होता है।

मैं एक किताब पढ़ रहा था, Extremely Loud & Incredibly Close, इसे Jonathan Safran Foer ने लिखा है। उस किताब के एक चेप्टर में एक जापानी व्यक्ति हीरोशिमा पर एटम बम के धमाके के बाद अपनी बेटी को ढूँढ़ने जाता है। दो दिनों तक भटकने के बाद वह उसे मिलती है तो वह देखता है कि उसकी बेटी के पूरे शरीर में maggots घुसे हुए हैं। वह उन कीड़ों को हटाने की कोशिश करता है, पर हाथों से उन कीड़ों को हटाने में उसकी बेटी की चमड़ी भी निकल रही थी। उसकी बेटी उसके सामने गल रही थी। उसकी बेटी की आख़िरी इच्छा थी कि उसकी मृत्यु उसके अपने घर में हो। दो दिन बाद उसकी मृत्यु हुई पर वह अपने घर नहीं पहुँच पाई थी। उसके पिता का कहना था कि 'मैं इस घटना को इसलिए सबको सुनाना चाहता हूँ ताकि लोग मेरी आँखों से युद्ध को देखें। उसकी प्रताड़ना महसूस करें और ये समझें कि युद्ध में जीतता कोई नहीं है। अगर वे मेरी कहानी महसूस करेंगे तो वे कभी युद्ध नहीं चाहेंगे।'

युद्ध ख़त्म होने पर जीत किसी की नहीं होती
बल्कि हम सब कुछ हार चुके होते हैं

इतिहास अगर जीत के शौर्य की दास्तान
के बजाय जानवरों और पक्षियों
की चीख़ लिखता
तो युद्ध के बारे में सोचने से भी
हमारी रूह काँप जाती

नपुंसक होते हैं वो पुरूष
जिन्हें अपना पुरुषत्व दिखाने के लिए
प्रेम के बजाय युद्ध की ज़रूरत पड़ती है

हमारी
इस धरती से माफ़ी माँगने की जगह कम होती जा रही है
हम इंसानों के चश्मों पर
जाने कैसी वीरगाथाओं की धूल जमी है
कि एक इंसान का
दूसरे इंसान को देखने का हुनर ही हम खो चुके हैं।

पतंगबाज़

छोटे शहर में ख़ाली रहने और व्यस्त हो जाने के बीच में बस चप्पल पहनने की दूरी रहती थी। वहाँ के खेल भी एकदम अलग थे, जैसे मैं पतंगबाज़ी करता था। अगर पतंगबाज़ी को खेल की शृंखला में डाला जा सकता है तो...

खेल सीधा था। एक उड़ती पतंग जिसकी डोर हमने अपने हाथों में थाम रखी है। हर बार किसी और से अपनी पतंग लड़ाने के सारे अधिकार हमारे पास सुरक्षित रहते। जब पतंग काटते तो अपनी छत से चिल्ला-चिल्लाकर पूरे शहर को इसकी सूचना दे देते। जब कभी अपनी पतंग कट जाती तो अपनी कटी पतंग के पीछे भागकर उसे वापस लूट लाने की कोशिश करते।

फिर हम छोटे शहर के लोग अचानक ख़ुद को बड़े शहरों में पाते हैं। यहाँ आकर पता चलता है कि यहाँ के तो खेल ही अलग हैं। यहाँ घर में बैठे हुए भी आप व्यस्त रह सकते हैं। साल के साल कब बीत जाते हैं पता ही नहीं चलता है। बाहर टहलते हुए घर की छतों पर निगाह पड़ती है, तो वहाँ उड़ने-उड़ाने जैसी कोई जगह नज़र नहीं आती। बड़े शहरों में कोई धोखा दे दे तो लोग कहते हैं कि वो खेल गया आपके साथ। अगर

आपने किसी को धोखा दिया तो लोग शाबाशी देते हैं और कहते हैं कि यार गुरु खेल गए तुम।

फिर कोई अपना-सा दिखता है और आप अपने मन की बात उससे कहते हैं कि दोस्त मैं बस खेलना चाहता हूँ।

वो दोस्त आपको शहर के खेल खेलने का सुझाव देता है। आप ख़ुद को शतरंज की बिछी हुई बिसात के सामने खड़ा पाते हैं। शहर का यही खेल है। इस खेल के नियम ही अलग हैं, चाल जुदा हैं। मुझे तो ये भी समझ नहीं आया कि इसे खेल कैसे कहते हैं लोग! शहर आते ही आप चाहें न चाहें लेकिन आपको अपने प्यादे आगे बढ़ाने होते हैं। हर चाल में आप अपने भीतर एक बदलाव देखने लगते हैं। विश्वास शब्द, जो पतंगबाज़ी में अपने हाथों में पतंग की डोर-सा हमेशा रहता था, वो यहाँ शतरंज की बिसात पर अपनी जान बचाने के लिए लड़ता दिखता है। आपको अपने हर दोस्त पर शक होने लगता है। आप सामने वाले का एक प्यादा मारते हैं और अपनी जीत का उत्सव मनाने के बजाय आपका चुप रहने का मन होता है। आपको लगता है कि पतंगबाज़ी की तरह शतरंज भी अगर हम अपनी छत पर खेलें तो शायद हमें मज़ा आने लगेगा। पर यहाँ कोई मज़े के लिए नहीं खेल रहा होता है।

फिर एक दिन आपको लगता है कि आप जीत गए हैं पर आपका हाथ आपको ख़ाली दिखता है। आप जीत गए हैं पर आपके हाथों में एक खुजली बनी रहती है क्योंकि वहाँ कोई धागा नहीं है। जीत का कोई उत्सव नहीं मना रहा है। आपका हाथ, जीत का धागा अपने हाथों में रखने का आदी था। जिस जीत की पतंग ऊपर आसमान में सबको उड़ती हुई दिखे। पर यहाँ कोई भी आसमान नहीं देख रहा होता है, सब आपकी नई चाल की संभावना में आपको घूर रहे होते हैं।

फिर एक दिन शतरंज के इस खेल से थककर आप वापस गाँव का रुख़ करते हैं। वहाँ पहुँचते ही आप हतप्रभ अपने छोटे शहर को ताक रहे होते हैं। आपको यक़ीन नहीं होता कि ये वही छोटा शहर है जिसे आप छोड़कर आए थे। इस छोटे शहर में आपको विकृति की हद तक बड़े शहर होने का ढोंग भरा हुआ लगता है। मानो कोई घिसी-पिटी धीमी गति की पुरानी श्वेत और श्याम फ़िल्म जिसे बाद में रंगीन करके दिखाया जा रहा हो। आप भागते हुए छत पर जाते हैं पर आसमान कोरा नज़र आता है। गाँव की गलियों में भटकते हुए पता चलता है कि यहाँ लोग शहर के खेल खेलना चाहते हैं। हर आदमी आपसे शतरंज खेलने के नए पैंतरे सीखना चाहता है। आप उनसे कहते हैं कि मुझे शहर के खेल नहीं आते हैं। तभी बिक्की नाम का एक बच्चा आपको पतंग उड़ाता दिखता है और आप भागकर उससे उसकी पतंग छीन लेते हैं। आपके चेहरे पर क्षणिक ख़ुशी आती है। आपके हाथ में वापस विश्वास का धागा आ चुका होता है। पर लाख कोशिशों के बाद भी पतंग आपसे उड़ती नहीं है। कभी हवा पतंग का साथ नहीं दे रही होती तो कभी पतंग ग़लत झटके देने में नीचे गिर जा रही होती है। आप ख़ुद को पसीने में लथपथ पाते हैं और तभी आपको अपनी पतंग का फट जाना दिखता है। आप झल्लाकर वापस शहर जाने की सोचते हैं।

जब आप गाँव से वापस शहर की तरफ़ निकल रहे होते हैं तो छूटते हुए गाँवों और आते हुए शहरों के बीच आपको लगता है कि कहीं चूक हो गई थी। छोड़ते चलने और नए को अपनाने का हुनर सीखना आप सीख नहीं पाए थे। पुराने को ढोते हुए और नए का वज़न अपने ऊपर लादते रहने की हिंसा में आपसे खेलना छूट गया था। सब जगह के अपने-अपने खेल हैं। ये पूरी दुनिया असल में खेल ही रही है। पर खेल में आपका

खेलने का हुनर ही ग़ायब था। हार जाने का डर खेल को खेल नहीं रहने देता है। तभी एक पतंग ऊपर आसमान में आपको उड़ती दिखती है और लगता है कि ये पतंग एक छोटे शहर से उड़ रही है या एक बड़े शहर से, इस बात का कोई महत्व नहीं है। इसके उड़ने में खेल है और खेल को हर बार नए सिरे से सीखना होता है।

शहर में घुसते ही आप वापस अपने दोस्त के पास जाते हैं और उससे कहते हैं कि दोस्त खेलना नहीं है। सीखना पहले हर खेल में खेलने का हुनर।

ख़ुशी के ख़त

"कुछ बहुत ही रूमानी वक़्त में मेरी बहुत इच्छा थी कि मैं तुम्हारे ख़तों के जवाब तुम्हें लिख दूँ।" मैंने ख़ुशी से कहा।

"फिर क्यों नहीं लिखा?" उसने पूछा।

"पता नहीं, ख़त लिखने में अजीब-सी अपेक्षा हरकत कर रही होती है। जैसे काफ़्का ने फ़ीलिस को लिखे थे। उन ख़तों को पढ़कर लगता है कि मैं कभी ऐसे ख़त तो नहीं लिख पाऊँगा। तो क्या ही मतलब है! इसलिए ख़त के बदले मैंने वो किताब तुम्हें तोहफ़े में दी थी।"

वो हँसने लगी थी। ख़ुशी के चेहरे पर हँसी देखना मुझे हमेशा से बहुत पसंद था।

"तुम कहना चाह रहे हो कि सारे क्लासिक लिट्रेचर के बाद लोगों को लिखना बंद कर देना था? अगर किसी को कोई नई कहानी लिखने की इच्छा हो रही हो तो उससे कहीं बेहतर है कि वह प्रसिद्ध पुरानी कहानियाँ फिर से छपवा दे?"

इसपर मेरी हँसी छूट गई।

"तुम्हें याद है पहले पेन फ्रेंड हुआ करते थे और देश-विदेश में लोग एक-दूसरे को ख़त लिखते थे।"

"वो आज भी हैं। मैं लोगों को जानती हूँ जो आज भी अपने पेन फ्रेंड

को बहुत संजीदगी से लेते हैं।"

"कहीं तुम भी तो उनमें से एक नहीं हो!"

"हो सकती हूँ, क्या पता।" कंधे उचकाते हुए उसने कहा।

"मैं सोशल मीडिया से पहले की दुनिया से आया हूँ, जब 'डाकिया डाक लाया' वाला गाना पूरे देश में लोकप्रिय था। मैं तब अपनी तमाम बचकानी कोशिशों के बाद भी ख़त जैसा ख़त नहीं लिख पाया तो अब क्या ही लिख पाता तुम्हें!"

"मतलब इन बीते सालों में मैंने तुम्हें इतने ख़त लिखे थे और तुमसे मेरे एक ख़त का जवाब भी नहीं लिखा गया?"

"ऐसा नहीं है। मैंने कोशिश की है। मतलब मैंने एक जवाब लिखा था। पर अगर वो ख़त मैं तुम्हें पोस्ट कर देता तो शायद आज हम मिल नहीं रहे होते।"

"क्यों? ऐसा क्या लिखा था तुमने?"

"मेरे ख़त को पढ़कर लगता है कि किसी पाँचवीं क्लास के बच्चे ने लिखे हैं।"

"मेरे पास मेरी पाँचवीं क्लास के ख़त अभी तक मौजूद हैं और वो बहुत अच्छे हैं।"

मैं ख़ुद की उपेक्षा करने में बहुत देर तक हँसता रहा।

"क्या कभी तुम्हें किसी ने ख़त लिखा है?" ख़ुशी ने पूछा।

"तुमने।"

"मेरे अलावा? मतलब तुम्हारे बचपन में कभी तुम्हें ख़त नहीं मिले?"

"असल में मैं ख़तों से शुरू से ही बहुत ऑब्सेस्ड था। मेरे स्कूल में मेरे कई दोस्त थे जिनकी दोस्ती लड़कियों से हो गई थी और वे आपस में एक-दूसरे को ख़त लिखा करते थे। शायद इसीलिए स्कूल के दिनों में मेरी आदत पड़ गई थी कि मुझे जो भी पसंद आता, लड़का या लड़की,

मैं उससे पूछता की क्या तुम मेरे पक्के दोस्त बनोगे? अगर जवाब हाँ में होता, जिसकी संभावना बहुत कम ही होती थी, तो मैं उनसे कहता कि ठीक है तो अब से हम एक-दूसरे को सिर्फ़ ख़त लिखेंगे। मुझे लगता कि दोस्ती तभी पक्की दोस्ती में तब्दील होती है जब आपका दोस्त आपको ख़त लिखने लगता है।"

"तो?"

"तो क्या, दोस्ती भी गई और ख़त भी कभी नहीं आया। मेरे स्कूल में लोग इस बात पर मेरा मज़ाक़ उड़ाने लगे थे।"

"अरे! ये कितनी दुखद बात है कि तुम्हें मेरे अलावा किसी ने भी आज तक ख़त नहीं लिखा।"

"ओ! याद आया। हाँ, स्कूल में मेरे एक बहुत ही ख़ूँख़ार टीचर थे। उनकी उपस्थिति भर से हमारे हाथ-पैर काँप रहे होते थे। फ़ेल होने के या मार खाने के डर से मैं और मेरा दोस्त उनके घर ट्यूशन जाने लगे थे। सुना था वह अपने ट्यूशन के बच्चों से क्लास में सवाल भी नहीं करते, मारते भी नहीं थे और उन ट्यूशन वालों का उनके विषय में पास होना भी तय होता था। पचास रुपए में ये एक 'full proof package' था। ट्यूशन की दिक़्क़त इतनी ही थी कि वहाँ पढ़ाई कम होती थी और उनके घरेलू काम हमें बहुत करने पड़ते थे। उनकी छह बेटियाँ थीं। 'एक दिन लड़का होगा' के ख़्वाब ने लड़कियों की लाइन लगवा दी थी। जब तक उनकी पत्नी का देहांत नहीं हो गया तब तक वह लड़के के लिए प्रयत्नरत रहे थे। उनकी सबसे छोटी लड़की मेरी हम-उम्र थी। घर के काम के सिलसिले में उससे दुआ-सलाम हो जाती थी। मैं बहुत झेंपू क़िस्म का था तो सारी बातचीत मेरा दोस्त ही करता था। एक दिन मैं बाज़ार में अपने टीचर के घर के लिए किराना ले रहा था तभी वह पीछे से आई और उसने मुझे दुकान के बाहर बुला लिया। इस वक़्त मेरा दोस्त मेरे साथ नहीं था। मेरी

रूह काँप गई। अगर किसी ने उसे मुझसे बात करते देख लिया और टीचर को पता चल गया तो धुनाई तो होगी ही, बात घर तक भी जा सकती थी। उसने मुझे बैगपाइपर के चित्र वाली एक छोटी-सी डायरी पकड़ा दी। मैंने पूछा- और भी सामान लाना है? उसने कहा- नहीं बुद्धू ये तेरे लिए है। मैंने लेने से इनकार कर दिया तो उसने वो डायरी मेरी शर्ट की ऊपर वाली जेब में घुसा दी। मेरा दोस्त सही कहता था कि मुझे ये ऊपर वाली जेब वाली शर्ट पहनना बंद कर देना चाहिए। ये फ़ैशन से बाहर है। मैंने सोचा अगर मैं फ़ैशन के मुताबिक़ चलता तो आज बच जाता। उसके चले जाने के बाद मैंने सामान किराने की दुकान पर छोड़ा और सीधा अपने दोस्त के घर पर गया। हम दोनों उसके कमरे में गए। कमरे का दरवाज़ा बंद किया और मैंने जेब से वो बैगपाइपर वाली डायरी निकाली। मेरी हृदय गति अपनी चरम सीमा पर पहुँच गई थी। मेरे दोस्त को लग रहा था कि मुझे डर लग रहा है, पर मैं डरा हुआ नहीं था। यह मेरे जीवन का पहला ख़त था जो किसी ने मुझे लिखा था। यह पहला चुंबन जैसा था, जिसकी अहमियत दूसरे के होठों के क़रीब पहुँचकर ही पता चलती है। उसमें लिखा था—

'तुम मुझे अच्छे लगते हो। पर दूर-दूर क्यों भागते हो! तेल का पीपा हो या गैस की टंकी, दरवाज़े तक तुम लाते हो फिर अपने दोस्त को बोलते हो अंदर ले जा। अंदर आ जाते तो तुम्हें भरे बाज़ार में यूँ पकड़ना नहीं पड़ता। इस डायरी में बाक़ी पन्ने ख़ाली हैं। अब तुम लेटर लिखना। पापा बहुत पीते हैं तो ये वाली डायरी घर में बहुत हैं, और सुनो, अपने दोस्त को कुछ मत बताना।'

नीचे की तरफ़ दिल बना हुआ था। उसने उस दिल में से एक तीर गुज़ार दिया था और तीर के दिल को भेदने से उसने लाल रंग के पेन से कुछ ख़ून की बूँदे भी बनाई थीं। लेटर मेरे दोस्त ने ही पढ़ा था। उसके

भीतर की जलन मैं महसूस कर सकता था। उसने मुझसे कुछ नहीं कहा, बस डायरी का वो पन्ना फाड़ दिया। मुझे पता था हमारी दोस्ती भी वहीं ख़त्म हो चुकी थी। मेरे उस पहले लेटर का ख़ामियाज़ा मुझे बहुत बुरी तरह भुगतना पड़ा था। ट्यूशन बंद करनी पड़ी, जिसके कारण टीचर हर बात पर मुझे क्लास में खड़ा कर देते थे। जवाब सही हो या ग़लत, दो चपत पक्की थीं। साल के अंत में मैं उस विषय में फ़ेल हो चुका था। मेरा एक मात्र कच्चा दोस्त था जिसने दोस्ती तोड़ दी थी और जिसकी ठीक वजह मैं आज तक नहीं जान पाया। सबसे ज़्यादा पीड़ा वाली बात ये थी कि मैं अपने जीवन में मिले पहले ख़त को हाथ भी नहीं लगा पाया था।"

ख़ुशी ने हँसते हुए मेरे हाथों पर अपना हाथ रख दिया था। मेरे पैर उसके अचानक हाथ रख देने से काँप गए थे, जिसकी वजह से टेबल हिल गया और हम दोनों की रखी हुई चाय छलक गई थी। उसने वेटर को इशारा किया। वेटर ने आकर हमारा टेबल पोंछा और पूछा कि दूसरी चाय ले आऊँ? हम दोनों ने अपने चाय के कप उसे पकड़ा दिए।

"बस अभी लाया" कहकर वेटर चला गया।

उसने मेरे हाथों पर अपना हाथ रख दिया था। इस बात को हमने चाय के छलकने से ढाँक दिया था। न उसने ज़िक्र किया, न ही मैंने।

"शायद ये पहले ख़त का श्राप ही है जिसकी वजह से तुम्हें कभी मेरे अलावा किसी ने ख़त नहीं लिखा।"

"जब मुझे तुम्हारे ख़त मिलने लगे तो मैं डर गया था।"

"क्यों?"

"ख़तों से मेरा रिश्ता बड़ा अजीब है। हमेशा लगता है कि कुछ ग़लत ही होगा।"

"मुझे नहीं लगता कि ख़तों से तुम्हारा रिश्ता अजीब है। तुम्हारा असल में ख़ुशी से रिश्ता अजीब है।"

"यानी तुमसे?"

"अरे, मुझसे नहीं, ख़ुशी से। ख़ुश रहने से।"

"ऐसा नहीं है।"

"मैंने तो जो देखा है वही बता रही हूँ।"

वेटर दो गर्म चाय ले आया था। हम दोनों कुछ देर अपनी चाय पर बने रहे। वो सही कह रही थी। ख़ुशी से मेरा रिश्ता बहुत अजीब ही रहा है। जब भी वो मिली है लगा है कि ये छूट जाएगी। इसका होना ही अपशकुन है। मैं जितनी जल्दी संभव होता है ख़ुशी के विपरीत भागने की कोशिश करने लगता हूँ।

चाय पीने के बाद देर तक हम दोनों ख़ाली वीरान सड़कों पर चलते रहे। उसने चलते हुए दो बार घड़ी की तरफ़ देख लिया था।

"क्या तुम मुझे ख़त लिखती रहोगी?" मैंने उससे पूछा।

"तुम क्या चाहते हो?"

"मैं तो हमेशा उनका इंतज़ार ही करता रहा हूँ।"

"मैं तभी लिखूँगी जब मुझे मेरे ख़तों के जवाब मिलेंगे।"

मैं मुस्कुरा दिया था। तभी उसका फ़ोन बजा, उसने फ़ोन लिया।

'थोड़ा आगे आ जाओ, हम लोग चलते हुए चर्च के पास तक आ गए हैं।' उसने फ़ोन पर कहा।

"वो आ गया।"

"हाँ।"

"ठीक है फिर। मैं कोशिश करूँगा तुम्हें..."

मैं झिझकते हुए अपना वाक्य पूरा करने ही वाला था कि पीछे से एक बड़ी-सी काली गाड़ी बहुत तेज़ी से हमारे पास आकर रुकी। उसने कार का शीशा नीचे किया। तेज़ गति के संगीत की आवाज़ पूरी सुनसान सड़क पर बिखर गई।

"Hey! All good?" कार से अपना मुँह बाहर निकालते हुए उसने पूछा।

"Yes, all good." मैंने जवाब दिया।

ख़ुशी ने मुझसे हाथ मिलाया और वो कार में जाकर बैठ गई। इससे पहले मैं ख़ुशी की आख़िरी झलक ले पाता, कार तेज़ी से मेरे सामने से निकल गई।

थोड़ी देर मैं वहीं खड़ा रहा। फिर मैंने अपने बैग से एक लिफ़ाफ़ा निकाला। इसमें ख़ुशी के आख़िरी ख़त का मैंने जवाब लिखा था और सोचा था कि आज की मुलाक़ात में उसे अपने हाथों से दे दूँगा। पर बार-बार इस ख़त में लिखे वाक्यों को याद करके शर्म आ रही थी, सो मैं इसे दे नहीं पाया। थोड़ी देर हाथों में उलटने-पलटने के बाद मैंने उस ख़त को फाड़ा और उसके टुकड़े वीरान सड़क पर बिखेर दिए। वहाँ से जाते हुए मैं सोच रहा था कि मेरे ख़त के शब्द गाड़ियों के नीचे कुचले जाएँगे। पता नहीं क्यों ऐसा सोचना मुझे बहुत सुकून दे रहा था।

धर्मयुग

मेरा पिताजी को किताबें पढ़ने का बहुत शौक़ था। उनके पढ़ने की वजह से ही नौकरी में कभी उनकी तरक़्क़ी नहीं हुई थी। वह अपने ऑफ़िस में भी हमेशा कोई किताब लिए बैठे रहते और बीच के वक़्फ़े में काम करते थे। उस वक़्त 'धर्मयुग' नाम की पत्रिका बहुत घरों में आती थी। मेरे पिताजी किताबें पढ़ते और धर्मयुग पत्रिका के संपादक को हर किताब की आलोचना लिखकर भेज देते। बहुत वक़्त तक उनकी आलोचना धर्मयुग में नहीं छपी थी। पर वो धर्मवीर भारती को इतना पसंद करते थे कि उनका कहना था 'बस एक बार मेरी आलोचनाएँ भारती जी के हाथों तक पहुँच जाएँ तो वो इनका महत्व समझेंगे।' फिर उन्हें लगा कि शायद वे लोग उनका नाम पहचान गए हैं। चिट्ठी पर उनका नाम देखते ही आलोचना पढ़ना तो दूर वे उनकी चिट्ठी भी नहीं खोलते होंगे। तो वह अलग-अलग नामों से अपनी आलोचना भेजने लगे। वह नामों के साथ-साथ दूसरे गाँव जाकर उन चिट्ठियों को पोस्ट करने लगे थे ताकि अलग पोस्ट-ऑफ़िस की मुहर लिफ़ाफ़े पर लगी हों। फिर अचानक उनकी एक आलोचना धर्मयुग में सम्मिलित कर ली गई। उसमें उन्होंने अपना नाम तोताराम बाबू लिख रखा था और उसे उन्होंने छतोला गाँव से पोस्ट किया था जो कि हमारे गाँव से क़रीब दो घंटे की दूरी पर था। मैं उस वक़्त स्कूल में पढ़ता

था। मेरे पिता को मैंने कभी इतना ख़ुश नहीं देखा था। वह उछल-उछलकर सबको ये बात बताते कि उनकी आलोचना 'धर्मयुग' में छपी है। पर हमारे गाँव में इस बात को लेकर उत्साह किसी में नहीं था और तोताराम जैसे नाम को लेकर लोग उनकी हँसी भी उड़ाने लगे थे। पर मेरे पिता का उत्साह किसी की भी हँसी से कम नहीं हुआ था। तोताराम बाबू नाम से उनकी आलोचनाएँ धर्मयुग में लगातार सम्मिलित होने लगी थीं। जब ये बात लगातार होने लगी तो लोगों ने, क्या मेरे पिता ही तोताराम बाबू हैं, इस बात पर शक जताया था। सो मेरे पिता ने अपने घर के बाहर की नेम प्लेट ही बदलवा दी। अब हमारे घर के बाहर लिखा था, तोताराम बाबू, आलोचक, गाँव-छतोला। लोग कहने लगे कि ये तो दो झूठ हैं, न तो मेरे पिता तोताराम हैं, न ही इस गाँव का नाम छतोला है। ऐसी बातों से मेरे पिता को कोई फ़र्क़ नहीं पड़ता था। उनकी चाल में उछाल था और वह सातवें आसमान में विचर रहे होते थे। मैं बहुत छोटा था। मुझे नहीं पता कि उनकी आलोचनाएँ लिखने की आदत कब पड़ी थी। पर जब से मुझे याद है वो हमेशा रात में अपनी टेबल कुर्सी पर मुझे आलोचनाएँ लिखते दिखते थे। रात में उन्हें कोई परेशान नहीं करता था। कई बार तो मुझे लगता कि वह किताब पढ़ते ही इसलिए हैं कि उसकी आलोचना लिख सकें। फिर एक दिन 'धर्मयुग' बंद हो गया। मुझे उसके बाद के दिन याद हैं। मुझे लगा था कि जैसे हमारे घर में किसी की मृत्यु हो गई है। पिता, जो तोताराम हो चुके थे, अब वापस बहुत तकलीफ़ों से मेरे पिता में तब्दील हो रहे थे। जो मेरे और मेरी माँ दोनों के लिए एक दुखद ख़बर थी। जब तक वह तोताराम बाबू थे घर में एक क़िस्म का ख़ुशनुमा माहौल बना रहता था। अब वापस पिता होकर उनका मन किसी काम में नहीं लगता। वह बार-बार ऑफ़िस से घर वापस चले आते। पर घर आकर क्या करना है ये उन्हें पता नहीं था सो वह मेरी माँ से झगड़ा करके वापस बाहर चले जाते। पर बाहर भी कहीं

जाने की उनके पास जगह नहीं थी। फिर मैंने देखा वो अलग-अलग क़िस्म की पत्रिकाओं और अख़बारों में अपनी आलोचनाओं को भेजने लगे थे। पर बहुत ही कम होता कि उनकी आलोचना कहीं छपती थी। उनका प्रेम 'धर्मयुग' से कहीं ज़्यादा धर्मवीर भारती से था। अब दोनों ही नहीं रहे थे तो उनकी आलोचनाओं में भी वो बात नहीं रही थी। एक दिन उन्होंने आकर घोषणा कर दी कि उन्होंने नौकरी छोड़ दी है और वह पास ही के गाँव छतोला के एक स्कूल में हिंदी के अध्यापक बन गए हैं। वह तोताराम के असली पते के इर्द-गिर्द रहना चाहते थे। छतोला के स्कूल में काम करना उन्हें बहुत महँगा पड़ रहा था। वह रोज़ सुबह-सुबह बस पकड़कर वहाँ जाते और देर रात को आख़िरी बस से वापस घर आते। पैसे बहुत कम थे और उसमें भी बहुत पैसे उनके आने-जाने में ख़र्च हो जाते थे। माँ ने घर में पिको और फ़ॉल का काम लेना शुरू कर दिया था। मुझे प्राइवेट स्कूल से निकालकर सरकारी स्कूल में दाख़िल कर दिया गया था।

मेरे पिता की मृत्यु छतोला गाँव आने-जाने और आलोचनाओं के छपने की प्रतीक्षा के बीच कहीं हो गई थी। उनके जाने के बाद माँ अपने खाँसने में और मैं एक अजीब चुप्पी में अपना जीवन बिताने लगा था। जब माँ की खाँसी बढ़ने लगी तो पता चला उन्हें tuberculosis हो गया है जो ठीक होने का नाम ही नहीं ले रहा था। पूरे वक़्त घर में माँ की खाँसी सुनाई देती थी। पिता के जाने के कुछ ही सालों बाद खाँसते-खाँसते माँ की भी मृत्यु हो गई।

माँ की मृत्यु के बाद ही मैंने गाँव छोड़ दिया था। अपने रिश्तेदारों की मदद से पढ़ाई पूरी करके एक अच्छी कंपनी में मैंने नौकरी हासिल कर ली थी। मैं गाँव से निकलते वक़्त कुछ भी साथ नहीं लाया था, सिवाए मेरे पिता की आलोचनाओं के। उनकी एक बड़ी-सी फ़ाइल थी जिस पर तोताराम बाबू लिखा हुआ था। उस फ़ाइल को मैं हमेशा अपने साथ

ही रखता था। पर अब लगने लगा था कि क्यों मैं इन्हें अपने साथ लिए फिरता हूँ? क्योंकि जिन किताबों की आलोचनाएँ उन्होंने लिखी थीं उनमें से कई किताबों के प्रकाशन भी बंद हो चुके हैं। इनमें से कई लेखकों के नाम लोगों को पता ही नहीं हैं। और लोग किताबें ही कितनी पढ़ते हैं कि उनकी दिलचस्पी आलोचनाओं में भी हो? इन आलोचनाओं को ढोने का कुछ भी फ़ायदा नहीं था। पर इतने सालों में मैं इतना साहस बटोर नहीं पाया था कि इन्हें जला दूँ।

अभी-अभी मैं अपने नए घर में शिफ़्ट हुआ था। पुराने घर में, पुराने सामान का ढेर जब मैं त्याग रहा था तो बिना ज़्यादा सोचे मैंने तोताराम बाबू की फ़ाइल को उठाया और उसे रद्दी वाले के हवाले कर दिया। वह बाक़ी सामानों के साथ उसे भी तौलने लगा। मैंने कहा, इसे अलग से तौलो, सारे सामान के साथ इसे मत रखो। वह रद्दी वाला मेरी बात नहीं समझा। पर उसने तोताराम बाबू की फ़ाइल को मेरी सांत्वना रखने के लिए अलग से तोला। "ये तो काफ़ी भारी है।" रद्दी वाले ने कहा था। मैं ये तो जानता था कि उसका वज़न ज़्यादा होगा पर वज़न इतना ज़्यादा होगा इसपर मुझे भी आश्चर्य था। जब वह पूरी फ़ाइल उसने अपने प्लास्टिक के बैग में डाली तो मुझे अहसास हुआ कि पिता तो बहुत पहले मर गए थे पर तोताराम बाबू की मृत्यु आज हुई थी। मैं बहुत दिनों तक अपने नए घर में खाँसता रहा था। शायद पुराने घर की सफ़ाई में जो धूल भीतर घुस गई थी, ये खाँसी उसी का नतीजा था। नए घर में आए हुए जब बहुत वक़्त हो गया और खाँसी नहीं रुकी तो मुझे शक होने लगा। मैंने टेस्ट कराए तो पता चला कि tuberculosis है।

प्रतीक्षा का धागा

जब कोई लेखक कोरे पन्ने के सामने होता है तो वह असल में एक खाई के किनारे ख़ुद को खड़ा देखता है। वह वहाँ प्रतीक्षा करता है एक धक्के की। छलाँग लगा जाने जैसी चालाकी से भरा लेखन उसे कभी पसंद नहीं आया था। लेखन में यूँ भी लिखना कम, प्रतीक्षा ज़्यादा होती है। वह प्रतीक्षा का आदी था। बहुत देर की प्रतीक्षा के बाद उसे अपने पीछे किसी की आहट सुनाई देती है। उसके मुँह में गिरते चले जाने की इच्छा का स्वाद आता है। होंठों के बग़ल से लार टपकने लगती है। 'इस बार उसे कौन धक्का देगा' की कल्पना में उसकी नाभि के आसपास गुदगुदी शुरू होने लगती है। वह खाई में झाँकता है। उसे खाई में एक धुँधली आकृति दिखती है जो उसके पीछे खड़ी है। पर वह आकृति उसे धक्का नहीं देती, वह बग़ल में खड़ी खाई को ताकती रहती है।

जब कोई लेखक कोरे पन्ने के सामने होता है तब असल में वह कई आकृतियों के साथ एक खाई के किनारे प्रतीक्षा करता है एक हल्के धक्के की। वो धक्का उसे तब लगता है जब प्रतीक्षा का धागा वह छोड़ देता है।

चींटी

वह सुबह की सैर पर बहुत दूर निकल आया था। वापस आते वक़्त उसके पैर जवाब दे रहे थे। तभी उसकी निगाह सड़क पार करती हुई चींटी पर पड़ी। वो अपने शरीर से दस गुना बड़ा किसी पेड़ का पत्ता अपने मुँह में फँसाए हुए थी। वह वैसे ही थका हुआ था, उस चींटी को देखकर उसकी थकान दुगनी हो गई। फिर एक गहरी चिंता घिर आई कि क्या इस बहुत ख़ूबसूरत सुबह में ये बेहद ख़ूबसूरत चींटी सड़क पार कर पाएगी? सड़क पार करने में वो चींटी कभी दाएँ जाती कभी बाएँ। अगर वो सीधा चलती रहे तो सड़क जल्दी पार हो सकती थी, वह सोचने लगा। सुनो, सीधा-सीधा चलो। एकदम सीधा, वह उस चींटी से कहने लगा था। पर तब भी वो चींटी सीधा चलने को राज़ी नहीं थी।

क्या हम अपने सारे श्रम को समेटकर सीधा-सीधा सड़क पार कर पाएँगे?

वह चींटी की चिंता लिए उसके क़रीब उकड़ूँ बैठ गया था। ये दृश्य बहुत अजीब था। वह चींटी की चिंता में था। शायद आसपास के ऊँचे पेड़ों को उसकी चिंता हो रही हो। शायद पेड़ों की चिंता लिए बादल आसमान में उमड़ रहे हों। शायद आसमान की चिंता में एक सूरज हो जो बार-बार उगने और हर बार डूब जाने में सबको जीवन बाँटते-बाँटते थक रहा हो।

तभी सामने से एक दूधवाला अपनी बाइक पर तेज़ी से चला आ रहा था। उसने चींटी के पास से उठने में देर कर दी और बाइक वाला उसके बग़ल से गुज़र गया। बाइक के जाने की धूल जब छटी तो वह गहरी चिंता से उस चींटी को तलाशने लगा। वो बाल-बाल बची थी। उसने देखा उस चींटी ने अपने मुँह में फँसे पेड़ के पत्ते को भी नहीं छोड़ा था।

तभी उसके फ़ोन की घंटी बजी। उसने देखा उसकी माँ का फ़ोन था।

'हाँ माँ!'

'कल रात मुझे बहुत ही डरावना सपना आया।' माँ ने कहा।

'क्या सपना था।'

'मैंने देखा कहीं एक ऊँची बिल्डिंग बन रही है और उसमें तू मज़दूरी कर रहा है। तुझे बहुत सामान ढोना पड़ रहा था।'

'माँ आपको चींटी का सपना आया होगा।'

'नहीं वो तू ही था।'

'अच्छा।'

तभी उसे वो चींटी वापस दिखी। वो अपने पत्ते को मुँह में दबाए पलटकर वापस उस जगह चलने लगी थी जहाँ से शायद उसने शुरुआत की थी। उसे चींटी के लिए भीतर बहुत गहरी पीड़ा महसूस हुई। उसने एक गहरी साँस ली।

'पर ये बुरा सपना कैसे हुआ माँ? मैं यहाँ शहर में मज़दूरी ही तो कर रहा हूँ!' मैंने माँ से कहा।

'पर तू बस सामान ढोए जा रहा था।'

'तो।'

'सीढ़ियाँ ख़त्म नहीं हो रही थीं।'

वो चींटी सड़क के बीचो-बीच पहुँच गई थी। वह चींटी की परेशानी में ज़्यादा परेशान नहीं होना चाहता था सो वह सड़क के किनारे जाकर खड़ा

हो गया। पर उसकी निगाह चींटी से नहीं हट रही थी। तभी हल्की-हल्की बूँदा-बाँदी शुरू हो गई। बारिश की हर बूँद जो पत्ते पर पड़ती वो उस चींटी को हिलाकर रख देती। एक बार तो उसके मुँह से पत्ता भी छूट गया। पर फिर उस चींटी ने उस पत्ते को पकड़ लिया। वह ऐसे में सड़क के किनारे नहीं खड़ा रह सकता था। वह चींटी के पास आया और चींटी के लिए छाता बनकर खड़ा हो गया। अब चींटी उसके दोनों पैरों के बीच में थी। बारिश की वजह से चींटी की चाल में हड़बड़ाहट आ गई थी। उसकी माँ अपने डरावने सपने में बहुत आगे तक निकल गई थीं।

'आपको मेरी चिंता हो रही थी, इस सपने का ये मतलब है माँ।'

'अब ऐसे सपने आएँगे तो चिंता तो होगी। तू कहाँ है ? ये क्या आवाज़ आ रही है ?'

'माँ मैं सुबह टहलने निकला था और अचानक बारिश शुरू हो गई।'

'अरे तो तू भीग क्यों रहा है ?'

'वो, आपको असल में मेरा सपना नहीं आया था, आपको एक चींटी का सपना आया था। वो चींटी अभी मेरे सामने सामान ढो रही है। मैं बस उसे ही पार लगाने की कोशिश कर रहा हूँ।'

'तू फिर मेरा मज़ाक़ उड़ा रहा है।'

'नहीं माँ, ठीक है मैं घर जाकर फ़ोन करता हूँ।'

'जल्दी घर पहुँच।'

माँ ने फ़ोन काट दिया। अब ये दृश्य एकदम अजीब दिख रहा था। चींटी की चिंता में वह छाता बना भीग र
माँ, दूर गाँव में अपने बुरे सपने के मतल
कोशिशों में उस आदमी का छाता बना प
बात की चिंता में आसमान बारिश की तेज़
बादलों के पीछे कहीं ग़ायब था। उसे ल

नहीं है जिसकी वजह से हम सब फँसे हुए हैं। अगर सूरज होता तो चींटी रास्ता पार कर लेती, उसे भी भीगना नहीं पड़ता और दूर गाँव में बैठी माँ भी उसकी चिंता नहीं कर रही होती। उसने तुरंत अपने हाथ को देखा, उसे अपने हाथों में अपनी भाग्य रेखा देखने की आदत थी। वो वहीं थी जहाँ सालों से थी, पर क्या ऐसा हो सकता है कि भाग्य रेखा हो पर किसी काम की न हो? उसकी निगाह वापस चींटी पर गई। अचानक वो चींटी पलटी और सीधे सड़क के दूसरी तरफ तेज़ी से चलने लगी। वह छतरी बन उसके साथ-साथ सरकता रहा। चींटी जैसे ही सड़क के किनारे पहुँची उसकी जान में जान आई। तभी उसने देखा चींटी ने पत्ते को नीचे रखा और अपने हाथों को मलने लगी। क्या चींटी भी अपनी भाग्य रेखा देखना चाह रही थी? उसने सोचा और उसे हँसी आने लगी। बारिश तेज़ हो चुकी थी। वह हँसता हुआ उस तेज़ बारिश में भीगते हुए अपने घर की तरफ़ चल दिया।

मुक्ति

मैं जब अपने गहरे अकेलेपन में होता हूँ तो जाने क्यों तुम्हारा नाम बुदबुदाने लगता हूँ। उस नाम की प्रतिध्वनि जब मेरे कानों में पड़ती है तो मैं मुस्कुरा देता हूँ। प्रेम अपने ख़त्म होने के बाद भी कितना दे रहा होता है! पर मैंने देखा है कि मैं कितने ही वीराने में होऊँ, मैं कभी तुम्हें आवाज़ नहीं लगाता हूँ। क्योंकि तुम्हें पुकारने में मुझे तुम्हारा चले जाना दिखता है। तुम्हारे चले जाने को बार-बार देखने की ताक़त अब मेरे शरीर में नहीं रही है। सो मैं बस तुम्हारा नाम बुदबुदा देता हूँ। बुदबुदाना बेहद निजी क्रिया है, उस क्रिया की आवाज़, जवाब की अपेक्षा के दरवाज़े नहीं खटखटाती। इस बुदबुदाहट में जाने कितनी सुबहों की ख़ुशबू है जिन्हें बिस्तर पर तुम्हारे बग़ल में पड़े हुए मैंने जिया है! कभी-कभी जंगल में सूखे पत्तों पर चलते हुए उनकी तिड़कने की आवाज़ में तुम्हारे जवाब सुनाई देते हैं। उन जवाबों में मैं देर तक अपना नाम खोजता हूँ पर वहाँ मेरा ज़िक्र मुझे दिखता ही नहीं है। क्या तुम कभी मेरा ज़िक्र करती होगी किसी से? मैं तुम्हारा ज़िक्र करना चाहता हूँ पर किसी के सामने तुम्हारा नाम लेते ही मुझे लगता है कि मैंने हमारा चुप रहने का क़रार तोड़ दिया है, सो मैं तुम्हारा नाम बदलकर कहता हूँ कि मैं एक लड़की को जानता था जिसका नाम मुक्ति था। कभी मिलोगी तो तुमसे पूछूँगा कि क्या तुम मेरी मुक्ति हो?

विनोद

मेरी पहली कविताओं की किताब आई थी। उस किताब की शुरुआत में मैंने विनोद जी की कविता डाली थी। जब भी किताब खोलता और उनकी कविता दिखती तो भीतर से इच्छा होती कि इस किताब को लेकर उनके पास जाया जाए। पर उनसे मिलना टलता ही रहा। फिर एक दिन मेरी एक दोस्त का फ़ोन आया। वो अभी-अभी विनोद जी से मिलकर आ रही थी। उसने कहा कि वह बहुत कमज़ोर हो गए हैं, तबियत भी ठीक नहीं रहती है आजकल उनकी। मुझसे रहा नहीं गया। मैंने अगले दिन का ही टिकट करवा लिया।

सुबह-सुबह मैं विनोद जी के घर पर था। मेरे हाथों में किताब थी जिसे मैंने उनके घर में प्रवेश करने के पहले अपने बैग में वापस डाल लिया था। उनकी दहलीज़ पर पहुँचते ही, उनके सामने अपनी कविता की किताब रखने का मेरा दम जाता रहा था। भीतर से बहुत झेंप हो रही थी उन्हें अपना लिखा दिखाने में और वो भी कविता। इस बार मेरे दो दोस्त भी साथ में थे। हमने तय किया था कि मैं उनसे सवाल करूँगा और उनके जवाबों को हम रिकॉर्ड कर लेंगे। मैंने कोई भी सवाल तय नहीं किए थे। उस वक़्त मेरे दिमाग़ में जो भी सवाल आए मैंने उन सारे सवालों का बोरा उनके सामने उड़ेल दिया। वह जैसे-जैसे मेरे सवाल बीनते गए हम विनोद

जी को वैसा सुनते गए।

विनोद जी पूरे के पूरे कवि थे। उन्होंने कहा, "पहले मैं बहुत कम बोलता था क्योंकि मुझे सारा कुछ साफ़-साफ़ सुनाई दे रहा होता था। आजकल सुनाई कम देता है तो मैं कुछ ज़्यादा बोलने लगा हूँ।" उनके कहे सादे से संवाद भी कविता से सुनाई देते हैं। उनकी बातें सुनकर हम ख़ुद के उन निजी हिस्सों में प्रवेश करने लगते जो कभी बहुत मासूम रहे होंगे।

हमने उनसे गुज़ारिश की कि वह कुछ नई कविताएँ सुना दें। उन्होंने अपने बेटे को इशारा किया और वह फड़फड़ाती हुई नई कविताओं के पन्ने ले आया। ये कविताएँ उन्होंने अभी-अभी लिखकर ख़त्म की थीं। उनकी वो सारी कविताएँ सुनते हुए लगा कि ये कितनी हम सबकी बातें हैं। हर कविता के बाद हम सब कुछ देर चुप हो जाते। उस कविता की हरकत को अपने भीतर महसूस करते। उनकी कविताएँ एक कवि का स्पर्श जान पड़ती थीं जिसकी हम जाने कब से बाट जोह रहे थे! उनकी नई कविताओं में मृत्यु का ज़िक्र बढ़ गया था। कविताएँ सुनाने के बाद हम लोग वापस बतियाने लगे।

उन्होंने बताया कि मेरे भाई मुझे ले गए थे एक दिन मुक्तिबोध से मिलवाने और तब से मैंने तय किया था कि मुझे भी कविताएँ लिखनी हैं। मेरी शुरुआती कविताएँ मुक्तिबोध ही पढ़ा करते थे। उन्हीं की वजह से मेरी शुरुआती कविताएँ पत्रिकाओं में छपी थीं।

जब विनोद जी मुक्तिबोध की बात कर रहे थे तो ऐसा लग रहा था कि मुक्तिबोध विनोद जी के अगल-बग़ल ही खड़े हैं।

उसी वक़्त मैंने अपने बैग में हाथ डाला, पर अपनी किताब निकालने की हिम्मत नहीं हुई। अगर मैं अपना कोई उपन्यास, कहानी-संग्रह ले आता

तो उन्हें दे सकता था पर कविता कैसे दी जाए? कैसे और किताब देने पर क्या कहें कि आपके लिए अपनी कविताओं की किताब लाया था? सूरज को दिया दिखाने जैसी बात होगी ये तो।

हम दोपहर का खाना खाने बैठ गए। खाना खाने के बाद उन्होंने थोड़ा आराम किया। फिर शाम की चाय हम लोग छत पर पीने चल दिए। मैं छत की दीवार से टिककर बैठा था और विनोद जी कुर्सी पर। तभी उनकी निगाह मेरे बैग से झाँक रही मेरी किताब पर पड़ी। जब तक मैं कुछ कहता उन्होंने किताब उठा ली। लजाते हुए मैंने कहा कि ये मेरी नई किताब है। अपने कहने में भी मेरे मुँह से नहीं निकला कि ये मेरी कविताओं की किताब है। बहुत देर तक वह उस किताब का कवर देखते रहे। फिर पन्ने पलटाकर वह मेरी कविताओं पर आए। जब विनोद जी मेरी कविताएँ पढ़ रहे थे तो मैं वहाँ से ग़ायब हो जाना चाहता था। किसी पेड़ के पीछे छिपकर उन्हें मुझे पढ़ता हुआ देखना चाहता था। कुछ कविताएँ पढ़ने के बाद उन्होंने किताब अपने पास रख ली। मेरी हिम्मत नहीं हुई उनसे पूछने की कि उन्हें मेरी कविताएँ कैसी लगीं। किताब रखने के बाद वह कुछ देर मुझे देखते रहे। मैं उन आँखों को पहचानता था। मैं छलक जाना चाहता था। भीतर से अपने तिड़कने को मैं सुन सकता था।

क्या मैं कभी उन आँखों को लिख पाऊँगा जिनमें गहरी सांत्वना थी? नहीं, सांत्वना सही शब्द नहीं है। मैं बहुत छोटा लेखक हूँ। कुछ दृश्य मेरे लिखे के बाहर हैं।

मैंने ख़ुद को अपने से बाहर महसूस किया था।

उन्होंने मेरी कविताओं की किताब रख ली थी। उस किताब को उन्हें देने की मुझमें हिम्मत नहीं थी शायद ये वह जानते थे।

भीतर फँसी चिड़िया

पहले मैं अक्सर लोगों से कहता था कि भीतर से कुछ ठीक नहीं लग रहा है, पर क्या ठीक नहीं है ये कभी समझ नहीं आता था। फिर किन्हीं अजीब परिस्थितियों में लिखना शुरू हुआ। लिखते-लिखते पता चला कि भीतर सब ठीक ही था, पर लगता था कि एक चिड़िया भीतर घर में घुस आई है और घर की सारी खिड़कियाँ बंद हैं। कुछ ठीक नहीं लग रहा है। मैं उसका फड़फड़ाना बाहर अपने पूरे शरीर पर महसूस कर सकता था। मैंने अपने लिखने से अपनी सारी खिड़कियों और दरवाज़ों को खुला रखने का हुनर सीखा है। अब आवाजाही चिड़िया के मन पर निर्भर है। वो जब चाहे भीतर आए, बैठे, और जब चाहे उड़ जाए।

मेरा पूरा शरीर बस उसके परों के फड़फड़ाने से उठती ठंडी हवा पाने के लिए बेक़रार रहता है।

कतरनें

पहले जब मैं तुम्हें देखती थी तो हमेशा छू लेना चाहती थी। तुम्हें पास बिठाकर सारा कुछ सुन लेना चाहती थी तुमसे। फिर तुम हमारे बीच की बढ़ती दूरी में मुझसे पूछने लगे—'क्या हम हैं एक दूसरे के इतने क़रीब?' मैं अपने बीच आए अनंत की दूरी में तुमसे कहती हूँ—'मैं सोचती हूँ कि हमें एक-दूसरे की चुप में अपनी सहजता खोजनी चाहिए।' तुम अपनी हँसी रोकते हुए मुझे चूम लेने के ठीक पहले कहते हो—'तुम्हारी दिक़्क़त है कि तुम सोचती बहुत हो।' मैं तुम्हारा चेहरा अपने हाथों में लेती हूँ और कहना चाहती हूँ—'अच्छा है मैं जो भी सोचती हूँ वो सारा कुछ कहती नहीं हूँ तुमसे। इसके बदले मैं कहती हूँ—'तुम क्यों हर वो चीज़ कह देते हो, जो तुम सोचते हो?'

मुझे हमेशा से रहस्य पसंद थे। मैं उन रहस्यों को सुलझाने में ख़ुद को फँसाए रखना चाहती थी। उन्हें सुलझाने की मेरी कोई इच्छा नहीं थी कभी। क्योंकि उनके सुलझते ही मुझे लगने लगता है कि काश मैं यहाँ से ग़ायब हो जाऊँ! तुम मेरे भीतर प्रवेश करते हो और कहते हो—'देखो, अब हमारे भीतर कोई दूरी नहीं बची है।'

मैं उस वक़्त अपने हाथों में बचे तुम्हारे रहस्यों को टटोलने लगती हूँ।

ये तुम्हारे प्रति मेरी दिलचस्पी की आख़िरी कतरनें हैं जिसे मैंने जैसे-तैसे बचाकर रखा है। तुम अपने चरम पर पहुँचकर मेरे ऊपर निढाल गिर जाते हो। ठीक ऐसे वक़्त में मैं ख़ुद से पूछती हूँ कि क्या ये प्रेम है? क्या तुमसे मैं प्रेम करती हूँ?

अपना पसीना पोंछते हुए तुम मेरे बग़ल में चित गिरते हो। मैं हम दोनों के नग्न शरीरों को देखती हूँ। एक-दूसरे को जानने की कितनी इच्छा और बची है हमारे बीच? मैं यहाँ से ग़ायब हो जाने में तुम्हारी तरफ़ करवट लेकर तुम्हें छूने की कोशिश करती हूँ। तुम 'तुम्हें पता है?' जैसे वाक्यों से अपनी कल की, परसों की और आने वाले सारे दिनों, सालों की बात करना शुरू करते हो। जैसे-तैसे बचाकर रखी तुम्हारे प्रति मेरी दिलचस्पी की कतरनें, मैं धीरे-धीरे तुम्हारे शरीर पर छोड़ने लगती हूँ। वो कतरनें तुम्हारे शरीर को छूते ही तुममें घुलती जाती हैं।

'तुम सुन रही हो न जो मैं कह रहा हूँ?' तुम कहते हो।

मैं तुम्हें जवाब देती हूँ। ठीक वो सारे जवाब जो तुम सुनना चाहते हो। मेरे मुँह से निकलती आवाज़ों में मुझे अचानक पता चलता है कि ये आवाज़ मेरी नहीं है। ये प्री-रिकॉर्डेड साउंड है। ये मेरे मुँह से भी कैसे निकल रही है इसका मुझे कोई अंदाज़ा नहीं है। ये साउंड हर तरफ़ है। ये हर जगह से सुनाई दे रहा है। कोई कभी इन आवाज़ों के ख़िलाफ़ बात क्यों नहीं करता है?

'क्या मैं कर सकती हूँ इन आवाज़ों के ख़िलाफ़ बग़ावत?'

मैंने ख़ुद से पूछा और बहुत वक़्त के इंतज़ार के बाद भी ख़ुद को इसका कोई जवाब नहीं दे पाई।

तुम्हारे बारे में (नाटक)

नाटक की शुरुआत छह कुर्सियों और छह अभिनेताओं से की थी। मेरे दिमाग़ में बस यही पहली इमेज थी जब मैंने रिहर्सल के कमरे में पहले दिन प्रवेश किया था। इसके बाद इमेज पर इमेज मेरे दिमाग़ में आने लगीं और मैं उन सारे उभरते हुए चित्रों को अभिनेताओं की तरफ फेंकता गया। वे उन चित्रों से कुछ देर खेलते और मुझे संवाद नज़र आने लगते। मैं रात में संवाद लिखकर सबको भेजता और वे शाम की तालीम के लिए तैयार होते। नाटक तैयार नहीं हो रहा था ये अलग बात है पर इस प्रोसेस में जो मज़ा आ रहा था मैं उसे बयान नहीं कर सकता हूँ। लग रहा था कि मैं हमेशा से इसी क़िस्म का नाटक करना चाहता था जिसमें रिहर्सल पर जाने के पहले पता ही न हो कि वहाँ होने क्या वाला है।

जब नाटक की टूटी-फूटी संरचना थोड़ी-थोड़ी दिखने लगी थी तो मैं डर गया था। ये इतना अजीब क्यों दिखाई दे रहा है ? महीने भर से चली आ रही मेहनत में मैं अभिनेताओं से कह भी नहीं सकता था कि ये नाटक नहीं हो रहा है। मुझे इसी में कुछ करना पड़ेगा। फिर कुछ काँट-छाँट के बाद नाटक का हल्का स्वरूप उभरने लगा। सबकी साँस में साँस आई। पर फिर मेरे भीतर एक अजीब-सी इच्छा उभरने लगी कि मैं इस पूरी संरचना को फिर से बिगाड़ दूँ। मैंने अगले ही दिन दिख रही सारी संरचना

को बिगाड़ा और उस बिगड़े हुए से नए चित्र बनाने लगा। मेरी समझ नहीं आया कि मैं ऐसा क्यों कर रहा था? नाटक की संरचना में जो चित्र बन रहे थे, मैं उन्हें बिगड़ते हुए क्यों देखना चाहता हूँ? किसी चित्र पर ठहरने से क्यों झेंप महसूस हो रही है? और अगर ये नाटक 'तुम्हारे बारे में...' है तो उस तुम्हारे में 'तुम' कौन है?

ये सारे सवाल नाटक के खुलने तक मेरे साथ ही रहे। मैं इन सारे सवालों के साथ लगातार हो रही नाटक की प्रस्तुतियों में व्यस्त था। पर फिर मैंने देखा कि मेरे ये सवाल घुलते हुए नज़र आ रहे थे। पता लगा कि नाटक की प्रस्तुतियों के बाद जब मैं पीछे मिलने आ रहे दर्शकों से मिलता था तो उनकी आँखों में मुझे मेरे सारे सवालों के जवाब पड़े दिखते थे।

जैसे जीवन में हम जाने कितने लोगों से मिलते हैं पर ऐसे लोग मुट्ठी भर ही होते हैं, जिनसे हम संवाद कर पाते हैं। ठीक वैसे ही नाटक देख रहे दर्शकों में वो मुट्ठी भर चेहरे होते हैं जो चलते नाटक के आईने में ख़ुद को देख लेते हैं। जब वो मुट्ठी भर लोग नाटक के बाद मिलते हैं तो हम एक-दूसरे से कुछ कह नहीं पाते हैं। कुछ धन्यवाद जैसे शब्दों के पीछे जाने कितनी नई कहानियाँ होती हैं जो हमारे टूटे-बिखरे नाटक को पूरा करती दिखती हैं।

मुझे पता था कि मेरे लिए नाटक ख़त्म नहीं हुआ है। हम लगभग पचास से ज़्यादा प्रस्तुतियाँ कर चुके थे पर नाटक में मैं अभी भी बदलाव करते जा रहा था। और हर बदलाव नाटक को थोड़ा और खोल रहा था।

अभी की कुछ प्रस्तुतियों में जब कुछ औरतें मुझसे मिलने आईं और उन्होने इतने अच्छे संवाद मुझसे किए कि मैंने अपनी आँखों को नम होते देखा। कई बार असहजता में मैंने उनसे कह दिया था कि मैंने ये नाटक अपनी माँ के लिए लिखा है। पर असल में मैं जाने कितनी मेरी माँ जैसी

संभावनाओं से भरी औरतों/लड़कियों को जानता था जिनके पंखों को मैंने उनके कानों में लटके हुए देखा था।

'तुम्हारे बारे में...' नाटक का 'तुम' कौन है इसपर मैं अभी भी ठीक-ठीक उँगली रखकर नहीं कह सकता हूँ कि ये है 'तुम'। शायद वो 'तुम' एक आईना है जिसके सामने मैं ख़ुद खड़ा होना चाहता था। इस आईने के सामने मुझे ख़ुद मेरा दोग़लापन नज़र आता है। मेरा मेरी माँ को कहा 'आपके हाथ की दाल मुझे बेस्ट लगती है' सुनाई देता है।

इस नाटक को करते रहने की एक ख़ूबसूरत बात है कि मुझे इस आईने में बहुत से नए चेहरे दिखाई देते हैं जो लगातार अपरिचित से परिचित होने में तब्दील होते जा रहे हैं। इस आईने में माफ़ी माँगने और माफ़ करते रहने का-सा समर्पण भी है जिसकी वजह से मैं इसकी हर प्रस्तुति के बाद ख़ुद को थोड़ा हल्का पाता हूँ।

परेशानियाँ

मैं कभी-कभी थोड़ा दूर जाकर अपने घर को देखता हूँ। थोड़ी दूर जाकर देखने से अपने ही घर में ख़ुद का टहलना भी मुझे दिखने लगता है। फिर मैं कोशिश करता हूँ कि वो महसूस करूँ जो सैर पर जाने के ठीक पहले मैं घर में अकेले चक्कर काटता हुआ महसूस कर रहा था। मुझे दिखने लगता है कि कौन-सी चीज़ें मुझे उस वक़्त परेशान कर रही थीं, पर मैं उन चीज़ों को महसूस नहीं कर पा रहा था उस सघनता से जो सघनता मुझे मेरे घर में चक्कर लगाते हुए महसूस हो रही थी। मानो वो सारी सघनता खुले में आकर अपनी सारी माया खो चुकी हो। मुझे अपने घर में फँसे रहने की बेचारगी दिखने लगती है। यहाँ खड़े हुए, मुझे अपनी ही परेशानियों पर तरस आ रहा था। मैंने बस अभी, ख़ुद को थोड़ी ही दूरी से देखा था और मैं अपनी ही परेशानियों पर मुस्कुरा रहा था। अगर मैं थोड़ा और दूर चला जाऊँ और ख़ुद को इस शहर में चलता हुआ देखूँ तो क्या मैं हँसने लगूँगा? और अगर मैं एक दिन इस देश से दूर चला जाऊँ और अपना इस देश में भागना-दौड़ना देखूँ तो क्या मैं हँसते-हँसते लोटपोट हो जाऊँगा?

क्या होता होगा जब कोई अंतरिक्ष में जाकर इस पृथ्वी को वहाँ से देखता होगा?

पढ़ती हुई कलाकृति

कोई व्यक्ति किताब लिए, किसी कैफ़े, पार्क, ट्रेन, बस या हवाई जहाज़ में दिखता है तो मेरी भीतर से दो इच्छाएँ होती हैं। पहली तो ये कि मैं तुरंत उसकी तस्वीर ले लेना चाहता हूँ और दूसरी ये कि मैं किसी भी बहाने से उससे बात कर लेना चाहता हूँ।

हाथों में किताब लिए किसी का होना उसके जीवन में एक अतिरिक्त संसार का होना है। वह बहुत अमीर दिखाई देता है। वह इस वक़्त दो जीवन के बीच डोल रहा होता है। एक ख़ुद का, दूसरा उस किताब का। किताब में डूबा व्यक्ति मुझे किसी बड़ी कलाकृति की तरह लगता है। ज़्यादातर मैं अपनी सारी शर्म और झिझक को ताक़ पर रखकर, उस किताब के लिए व्यक्ति से संवाद करने उसके पास गया हूँ। कभी संवाद हुए हैं तो कभी उस सुंदर कलाकृति को तोड़ने के पाप से मैंने ख़ुद को रोक लिया है। पर जब भी संवाद हुए हैं वो इतने ज़्यादा ख़ूबसूरत रहे हैं कि मैं हमेशा उन्हें लिख लेना चाहता था। असल में, जो पढ़ते हैं उनके कहने में 'मैं' हमेशा धुँधला रहता है। इस 'मैं' से भरी दुनिया में जो लोग पढ़ते

हैं उन लोगों के सुर 'हम' लिए हुए होते हैं। उनका संसार ऐसे नाम लिए हुए होता है जिन्हें बोलने में भी मेरे मुँह में पानी आ जाता है। जैसे जब मैंने पहली बार चेखव, ब्रेख़्त, दोस्तोव्हस्की का नाम सुना था। बिना पढ़े ही मैं इन नामों की तरफ़ इतना आकर्षित हुआ था कि लगा ये नाम लेखकों के नहीं बल्कि किसी स्वादिष्ट व्यंजन के नाम हैं। और जब मैंने इन्हें चखा तो सच में मेरी भूख को पहली बार उसकी सही ख़ुराक मिली थी।

पुरुष होने की कीचड़

तुम्हारे आगे बढ़ने में, मैं फिसल जाता हूँ
हमें आदत नहीं है
फिर 'हम साथ चलेंगे' जैसे क़ाइदे बनाकर
तुम्हारे पैरों के साथ अपने पैर मिलाने में
ठोकर जैसा मेरा पुरुष होना मुझे फिर गिरा देता है
मैं अपने पुरुष होने की कीचड़ में पड़ा हुआ
बाक़ी पुरुषों के साथ तुम्हें आगे बढ़ते देखता हूँ
क्या मैंने तुम्हें बताया है कि तुम आगे बढ़ती हुई बहुत सुंदर लगती हो ?
देखो मैंने फिर वही किया
जो हर पुरुष अपनी कीचड़ में पड़े हुए कर रहा है
मैंने भी, फिर तुम्हारी तारीफ़ की

तुम्हारे आगे बढ़ने के प्रोत्साहन स्वरूप
हमने पहले भी तुम्हें
अपने फटे हुए विचारों जैसे जूते दिए थे
हमारे पदचिह्नों का हमने अपना अलग धर्म बना रखा था
और सबको उसपर चलाने की क्रूरता में

हम पुरुषों ने इस दुनिया को सिर्फ़ युद्ध दिए हैं
हम पुरानी ग़लतियों की बात करते हुए भी
उन ग़लतियों में अपनी शिरकत पर प्रश्नचिह्न नहीं आने देते हैं
हम जब युद्ध नहीं कर रहे होते हैं
तब बोलते रहने में
'युद्ध कभी भी हो सकता है' की संभावनाएँ बनाए रखते हैं
अगर ये दुनिया बचानी है
तो हमें अपनी कीचड़ और
फटे पड़े जूतों के बीच
चुप हो जाना पड़ेगा
जिसकी शिक्षा
हमारा समाज हमें देने से हमेशा चूक जाता है।

अपने लिखे के सामने

मैं जब कभी अपनी लिखी किताबों के सामने आता हूँ तो ख़ुद को चुप पाता हूँ। उस वक़्त समझ नहीं आता कि भीतर क्या घट रहा होता है। मैं गर्व जैसा कुछ महसूस करना चाहता हूँ पर उसका एहसास दूर-दूर तक नहीं होता। उसके बदले मुझे कुछ छितरे पड़े दृश्य दिखाई देने लगते हैं। जैसे बिखरे बिस्तरों पर पड़े हुए दीवारों को ताकना, गर्म दोपहरों में चाय की प्यास का लगना, दूर पेड़ पर किसी चिड़िया का आना और मेरा ओझल हो जाना, भूख, पुराने गाने, गहरी निराशा से भरी अपनों की आँखें, टूटी दोस्ती की पतंग का बिजली की तार पर फड़फड़ाना, रात में सोने से पहले सुबह होने की उत्सुकता का बिस्तर में प्रवेश करना, संबंधों के गुणा-भाग में हाशिए पर पड़े लोगों का मुस्कुराना, क्षणिक फ़ायदे में लंबे नुक़सान से डरना और लंबे नुक़सान में बहते हुए छूटी पड़ी चिल्लरों को बटोरना, नींद आने के पहले शब्दों के विन्यास से एक वाक्य बनाकर तुम्हारे चेहरे

को गढ़ना पर पूर्णविराम तक आते-आते तुम्हारा ओझल हो जाना, प्रतीक्षा, मैली क़मीज़, फटे मोज़े, थकान, चाय पीने की इच्छा में काली कॉफ़ी को बनाना, विदेशी पहाड़ों पर टहलते हुए अपने पहाड़ों से बातें करना, बेवजह तुम्हारी गलियों से गुज़रना, रास्ते पर तुम्हारे अचानक दिख जाने के आश्चर्य को अपनी चोर जेब में रखना, ठंड में पसीना लिखना और गर्मी में दाँतों का कटकटाना दर्ज करना, जैसे 'मैं बहुत ख़ुश हूँ' वाली हँसी का अपने चेहरे पर पड़ा मिलना और ख़ालीपन की उदासी में उग रही नई कहानी का उस हँसी के ठीक पीछे छुपा रहना।

बदरंग अतीत की हिचकी

भागना नहीं था उससे
जो चिपका रह जाता है जीते-जी
उसे छोड़ते चलना सोचा था
पर मुट्ठी में रेत को पकड़े रहने में
धँसता ही चला जाता है सारा बाहर... भीतर...

भीतर रोज़ हो रही छोटी मृत्युओं से थककर
जब अपनी मृत्यु की कामना के लिए मुँह खोलता हूँ
तो जीवन जीने की चाह जैसी प्रार्थना सुनाई देती है
विरोधाभास भीतर बाहर हर जगह पसरा पड़ा है

ऐसे में सोचता हूँ जो जैसा दिख रहा है उसे वैसा का वैसा जी लूँ
दिखाई दिया सारा जीते ही अपना रंग छोड़ने लगता है
मटमैले से भविष्य में एक रंग-भरी बिंदी-सा वर्तमान
घुलता रहता है लगातार

बदरंग अतीत की हिचकी
हर ठोकर लगने के पहले आगाह करती है
गिर जाने की इच्छा से भरा जीवन
हर बार ठोकर खाने से बचा रहता है।

ताले लगे दरवाज़े

हम कभी भी वहाँ नहीं पहुँच पा रहे थे जिस जगह पर जाकर हम कह सकें- हम बस यहीं तक आना चाहते थे।

कोई जगह दिखती, जहाँ पहुँचकर हमें लगता कि ये शायद वो जगह है जहाँ हम एक दिन पहुँच जाना चाहते थे। हम वहाँ रुकते, कुछ तस्वीरें खींचते, घर बनाने जैसी बातों में कुछ देर ख़ुद को फुसलाकर रखते, पर हम सबकी फ़ितरत इतनी मिलती-जुलती है कि हम अपनी ही बनाई बातों से ऊबने लगते। फिर हम ख़ुद से कहते पाए जाते कि असल में हम बस यहाँ सुस्ताने रुके थे। हमारा असल घर तो कहीं और है।

फिर हम ख़ुद को आलीशान घरों के परिसर में खड़ा पाते। हम उनके ताले लगे दरवाज़ों को देखते और कहते कि हम असल में कभी यहाँ रहे नहीं हैं, पर हमने इन घरों में अपने होने की कल्पना बहुत की है। कल्पना, अपने घर को पा लेने का पहला क़दम है। हमें लगता कि हम बस एक बार इन घरों में रहने लगें तो कह सकेंगे कि हम बस यहाँ तक पहुँचना चाहते थे। फिर पता चलता है कि उन घरों के मालिक भी अपने घरों में ताला लगाकर कहीं और रहने में वैसे ही भटक रहे हैं जैसे हम भटकते हुए उनके घरों के ताले लगे दरवाज़ों के सामने आ गए थे। हम अपनी

जेब से अपने बंद घरों की चाबियाँ निकालकर उन तालों को खोलने की असफल कोशिश करते हैं।

हर घर बंद दिखता है, उन घरों में रहने वाले अपने घरों की चाबियाँ अपनी जेब में रखे, ऐसे घरों में रहने के सपने देखते हैं जो उनके कभी थे ही नहीं।

खुला आसमान

अपने घर की छत पर लेटे हुए हम खुले आसमान को ताकते थे। हमने उस खुले आसमान में कुछ हो जाने का सपना देखा था।

आज जब हम कुछ हो गए हैं तो देखने के लिए वो खुला आसमान नहीं है। अब, अपने दड़बों में बंद पड़े हुए हमें खुले आसमान का सपना आता है। उस सपने में हम उस बच्चे को देखते हैं जिसने 'कुछ हो जाने' का सपना देखा था पर अब हम उसे पहचान नहीं पाते हैं। कुछ हो जाने में हमने कितना पाया है और कितना हम खो चुके हैं के बीच का गणित शायद हम, ख़ुद के पैरों पर खड़े होने की जल्दबाज़ी के पहले हल कर सकते थे। पर अभी सारे फ़ायदे और नुक़सान इतने गड़बड़ा गए हैं आपस में कि नुक़सान का पलड़ा भारी होते ही सारा आसपास ढहता हुआ दिखता है। हम भागना शुरू करते हैं और फ़ायदे के पलड़े पर वज़न बढ़ा देते हैं। नुक़सान कभी इतना नहीं होता कि सब कुछ ख़त्म हो जाए और फ़ायदा कभी इतना नहीं होता कि नुक़सान का पलड़ा टूटकर गिर जाए। सारा

आसपास हमेशा ढह जाने का डर लिए बस हमारे क़रीब बना रहता है। पर कभी ढहता नहीं है। हमारे माथे पर फ़ायदे की चमक लोगों को दिखती है और साथ ही 'आसमान नहीं दिखता है आजकल' वाली रेखाएँ भी गहराती जाती हैं।

इसका इलाज भी हमने ढूँढ़ लिया है।

अब हम हर साल के परिणामों का एक ग्राफ़ अपने माथे पर लिए घूमते हैं। उस ग्राफ़ में लोगों को सिर्फ़ हमारा फ़ायदा दिखता है, क्योंकि 'आसमान नहीं दिखता है आजकल' जैसी नुक़सान वाली रेखाओं को हमने बोटॉक्स की मदद से मिटा दिया है।

डूबना-उगना

ढलते सूरज को देखकर लगता है कि ये कितनी थका देने वाली क्रिया है-लगातार डूबते रहना। क्या लगातार डूबा जा सकता है? मानवता को भी कितनी त्रासदियाँ लगती हैं लगातार डूबते रहने के लिए और हम लगातार डूबते रहते हैं। हम पुरानी बीती त्रासदी से कुछ भी नहीं सीखते हैं। हमने इतिहास को उसकी सारी भयानकता के साथ बार-बार वैसा का वैसा जिया है। ये शायद हमने सूरज के लगातार डूबते रहने से ही सीखा है।

फिर जब सूरज उगता है तो लगता है, ठीक बात है, मतलब अंत में सब कुछ ठीक ही हो जाता है। मानो अपने नींद में एक बुरे सपने से करवट बदली और सुबह हो गई। हम बस एक करवट की दूरी पर थे। पलटते ही सुबह है। उन सुबहों में चिड़ियों का चहकना है, जीवन का उदय है, जीते रहने की क्रिया है जो सारी डूबते रहने की थकान मिटा चुकी होती है। क्या हम लगातार उगते रह सकते हैं? हमारे उगते रहने को देखकर अहसास होता है, मानवता ने अपने स्नेह और आपसी प्रेम से कुछ तो है जो सँभाल रखा है, जिससे लगातार उगते रहना हमेशा क़ायम रहता है।

जिस तरह आज मैं सूरज का लगातार डूबना देखकर थका हुआ महसूस कर रहा था उसी तरह कभी एक दिन ये पृथ्वी थक जाए तो क्या होगा? वो एक रात के बाद अगली सुबह की करवट न ले? वो अपनी

धुरी पर घूमना बंद कर दे ? हमने असल में एक-दूसरे पर उतना अत्याचार नहीं किया है जितना सामूहिक अत्याचार हमने इस धरती पर किया है। जाने कितने धमाकों को इसने सहा है! हमारे पास हर धमाके के कारण हैं। पर क्या वो सारे कारण हम इस धरती को कहकर इसे मना सकते हैं ?

इसलिए हर सुबह मुझे बहुत पसंद है, क्योंकि हर सुबह मुझे आश्चर्य से भरी हुई लगती है। वो तो अच्छा है कि इंसान अपना आधा जीवन सोने में गुज़ार देता है। अगर वह सोता नहीं तो ये दुनिया जाने कब की ख़त्म हो जाती!

संभावनाओं के जूते

एक वक़्त था जब हम संभावनाओं से भरे पड़े थे। चाल में उछाल था। हम किसी भी वक़्त अपने बालकनी में सूख रहे जूते पहनते और घर से बहुत दूर कहीं निकल जाते। ये एक खेल था और हम कहीं भी निकल जाने वाले खेल में उस्ताद थे। फिर वो उम्र आई जब हमें संभावनाओं के फ़ायदे उठाने का सबक़ सबने सिखाया। फ़ायदे-नुक़सान के फेर में हमारी संभावनाएँ दम तोड़ती गईं। संभावनाओं की मृत्यु ख़ाली घेरे पैदा करती है। पर हम उन ख़ाली घेरों में किसी नए के बजाय बची हुई संभावनाओं के ख़त्म हो जाने के डर को भरने लगे। हमारे डरों ने हमसे वो सारे खेल छुड़वा दिए जिन्हें खेलते हुए हम कुछ भी नया पैदा करने की क़ाबिलियत रखते थे। बहुत जल्दी हम जहाँ हैं वहीं सुरक्षित महसूस करने का घर बसाने लगे।

अब कभी-कभी शाम की चाय के आसपास कहीं हमें अपनी दबी-कुचली संभावनाओं की ख़ुशबू आती है। बालकनी में लटक रहे जूते उन क़दमों की याद दिलाते हैं जब हम यूँ ही घर से निकल जाया करते थे। वो बेबाकी, वो यायावरी चाय के गर्म रहने तक ही सताती है अब। चाय ठंडी होते ही हम मरी हुई संभावनाओं से भरे आँगन में कुर्सी लगाकर बैठ जाते हैं। जहाँ से घर के चारों तरफ़ खड़ी दीवार से हमारा सुरक्षित रहने का दंभ

टकराकर बार-बार वापस हम ही तक चला आता है।

पैर जड़ों में तब्दील होते दिखते हैं। हम कभी भागते थे कि 'कल्पना में हम एक दिन कहीं चले जाएँगे' की इच्छा के जूते बालकनी में धो-पोंछकर सूख रहे होते हैं। चप्पलें छोटी दूरी तय करने में अपना आकार खो चुकी थीं। शाम को चार घर छोड़कर किसी के मरने की ख़बर आती तो विश्वास नहीं होता कि वह अब अपने दड़बे में नहीं होगा। क्योंकि उसके कहीं चले जाने की कल्पना के साफ़-सुथरे जूते, बहुत वक़्त तक उसकी बालकनी से हमें मुँह चिढ़ाते दिखते रहते।

पड़ोसी के मरने का दुख मनाने के बजाय सब लोग तय करते हैं कि हम मरने के पहले अपनी बालकनी से जूते निकाल लेंगे।

सब डूब जाएगा

सब कुछ छोड़ने पर भी कुछ छूटता नहीं है।

पकड़े रहने की हिंसा के वक़्त हमें लगता था कि हम जिसे छोड़ेंगे वो डूब चुका होगा और चीज़ों के डूबते ही हमारा डूबकर मर जाना भी तय है। हम कहते हैं कि चीज़ें जो इतनी मेहनत से इकट्ठा की हैं उन्हें हम नहीं डूबने देंगे।

हम ख़ुद को बचाने में और चीज़ें इकट्ठी करने लगते हैं। हमें डर है कि अगर हमने इन्हें छोड़ा तो हम नदी की गर्त में कहीं गुम हो जाएँगे। फिर पानी हमें गलाएगा और मछलियाँ हमें नोच-नोचकर खा जाएँगी।

फिर एक दिन चीज़ों को पकड़कर रखने की मेहनत में हम थकने लगते हैं और हमारी पकड़ ढीली होती जाती है। चीज़ें बिना हमारी अनुमति लिए हाथों से छूट जाती हैं। डॉक्टर हमें सलाह देता है कि अब ज़्यादा भार नहीं उठाना, जितना हल्का रहोगे उतना जियोगे। हम ज़्यादा जीने में और चीज़ों को छोड़ना शुरू करते हैं। तब हमें पता चलता है कि सारा कुछ छोड़ देने पर भी हर चीज़ एक हाथ बढ़ाने की दूरी पर हमारे अगल-बग़ल ही तैर रही होती है। हमने न जाने कितनी सारी चीज़ों को पकड़े रखा था। पर अब ये नदी, जो हमारे बहते रहने के लिए बनी थी, हमारी ही इकट्ठा की हुई चीज़ों से प्रदूषित दिखाई देती है। हमें बहुत देर बाद

पता चलता है कि चीज़ें हमें नहीं बचा सकती थीं, नदी का साफ़ पानी ही हमारा जीवन था।

अब प्रदूषित नदी छोड़कर हम किनारे आ बसे हैं। प्रदूषित नदी के किनारों पर हम प्यासे घरों में, प्यूरिफ़ायर से पानी पीते हुए एक शिविर चलाते हैं जिसमें सारे जवान लोगों और बच्चों को प्रदूषण नहीं फैलाना है का ज्ञान बाँटते हैं।

उस शिविर में ज्ञान बाँटने और ज्ञान बटोरने के लिए सिर्फ़ बूढ़े लोग ही उपस्थित दिखते हैं।

मानव कौल

मानव कौल के जीवन को उनके लिखे के बहाने समझा जा सकता है। एक लेखक का लिखा किस तरह उसके जीवन और लेखन में यात्रा कर रहा होता है उसे मानव की किताबों से गुज़रते हुए गुना जा सकता है। मानव की यह लेखन-यात्रा 14 किताबों तक पहुँच चुकी है। यह किताब '**कतरनें**' हिंदी किताबों की प्रचलित विधाओं की सीमाओं को तोड़ती है और अपना एक निजी संसार रचती है। इसके अतिरिक्त मानव की 13 पुस्तकें—'**ठीक तुम्हारे पीछे**' (कहानियाँ), '**प्रेम कबूतर**' (कहानियाँ), '**तुम्हारे बारे में**' (न कविता, न कहानी), '**बहुत दूर, कितना दूर होता है**' (यात्रा-वृत्तांत), '**चलता-फिरता प्रेत**' (कहानियाँ), '**अंतिमा**' (उपन्यास), '**कर्ता ने कर्म से**' (कविताएँ), '**शर्ट का तीसरा बटन**' (उपन्यास), '**रूह**' (यात्रा-वृत्तांत), '**तितली**' (उपन्यास), '**टूटी हुई बिखरी हुई**' (उपन्यास), '**पतझड़**' (उपन्यास) और '**साक्षात्कार**' (उपन्यास) प्रकाशित हो चुकी हैं।